Die
Einwilligung des Verletzten
in ihrer strafrechtlichen Bedeutung.

Von

R. Keßler,
Landrichter in Lüneburg.

Motto:
„Qui bene distinguit, bene judicat“.

Berlin und Leipzig.
Verlag von J. Guttentag
(D. Collin).
1884.

Inhaltsübersicht.

Einleitung.

„Nulla injuria est, quae in volentem fiat", sagt Ulpian (L. 1 § 5 Dig. de inj. 47, 10), und bezeichnet damit treffend, was die deutschen Juristen sehr viel weniger präcis durch den Satz auszudrücken pflegen: die Einwilligung des Verletzten schließt die Strafbarkeit der Handlung aus. „Es liegt keine Rechtsverletzung vor, wenn die That gegen einen Einwilligenden verübt ist", würde eine bessere und, mit Rücksicht auf den weiten Begriff der römischen Injurie, nicht allzu freie Uebersetzung sein. So verneint auch die Rechtsparömie, in welche man Ulpian's Ausspruch umgeformt hat: „volenti non fit injuria", die Möglichkeit einer Rechtsverletzung gegen den Einwilligenden. Ich möchte fast glauben, daß die Ungenauigkeit des üblichen deutschen Ausdrucks nicht ganz ohne Nachtheile für die Erörterungen unserer Juristen über Bedeutung und Tragweite des Ulpianischen Satzes geblieben sei. Es ist diesem Satze das Einleuchtende, ja beinahe Selbstverständliche genommen worden, was ihm in seinem lateinischen Gewande eigen ist. Spricht man von einer Einwilligung des Verletzten, so schleicht sich damit die Vorstellung ein, als ob trotz der Einwilligung doch allemal eine Verletzung im Sinne des Rechts vorliege, die nur kraft eines Ausnahmesatzes kein Verbrechen [1]), d. h. nicht strafbar sei. Und da verlangt man, einen weiteren Grund für diese Ausnahme zu wissen. Die Einwilligung schließt aber, soweit ihre Wirkung reicht, die Rechtsverletzung aus, und nur von einem physisch Verletzten oder, wenn die Handlung nicht gegen den menschlichen Körper gerichtet ist, von einem scheinbar in seinem

[1]) Ich werde den Ausdruck Verbrechen durchgehends nicht in dem engen Sinne des Strafgesetzbuchs, sondern zur Bezeichnung der mit Strafe bedrohten Handlung schlechthin gebrauchen.

Rechte Verletzten kann angesichts der Einwilligung noch geredet werden. Einwilligung des Berechtigten würde ein viel passenderer Kunstausdruck sein. Gleichwohl habe ich im Titel den nun einmal üblichen beibehalten, und werde in der Abhandlung das Nämliche thun. Der Titel einer Schrift soll ihr Thema möglichst jedem von vornherein deutlich anzeigen; und im Laufe der Untersuchung statt des altgewohnten Ausdrucks sorgsam stets den neuen zu gebrauchen, würde Pedanterie sein und dem Leser überflüssige Unbequemlichkeit verursachen. Es genügt, auf die Ungenauigkeit der herkömmlichen Terminologie hingewiesen zu haben.

Mag nun auch die Uebersetzung der injuria in der Ulpianischen Stelle mit Rechtsverletzung dem Satze eine weitere Bedeutung geben, als Ulpian im Auge hatte; als feststehend darf nach den Ausführungen Wächter's (Ger.S. XX S. 1 ff., cf. auch Zimmermann in Goltd. A. XXIX S. 435 ff.) angenommen werden, daß diese weitere Bedeutung dem römischen Rechte entsprach, und daß dieses Recht insoweit unverändert in Deutschland recipirt worden ist. Danach schloß die Einwilligung des Verletzten die Strafbarkeit der Handlung aus, soweit letztere irgend als Eingriff in ein individuelles Recht angesehen werden konnte, insbesondere auch bei Tödtung und Körperverletzung. Wenn auch Doctrin und Praxis unter dem Einflusse entgegengesetzter Bestimmungen des canonischen Rechts hieran nicht unverbrüchlich festgehalten haben, so scheint man doch nach den Zusammenstellungen bei Zimmermann (a. a. O.) und Hälschner (Syst. I S. 234) in der Einschränkung des „volenti non fit injuria“ nicht weiter gegangen zu sein, als daß man die Tödtung eines Einwilligenden, aber nicht als Mord, sondern arbiträr und gelinde bestrafte.

Erst zu Anfang dieses Jahrhunderts gewann in Deutschland eine entschieden abweichende Lehre Boden und sogar Aufnahme in die Gesetzbücher (das österreichische von 1803 und das bayerische von 1813). Anknüpfend an die Unterscheidung älterer italienischer Praktiker zwischen veräußerlichen und unveräußerlichen Rechten, behauptete man, nur bei ersteren sei die Einwilligung des Verletzten von Bedeutung, bei letzteren, zu welchen man vor allem die Rechte auf Leben und Körperintegrität rechnete, sei sie absolut wirkungslos, so daß auch nicht einmal eine gelindere als die Normalstrafe einzutreten habe.

Die Gerichte fingen denn wirklich an, für Tödtung eines Einwilligenden die Todesstrafe zu verhängen. Bei der Seltenheit solcher Fälle ging das eine Weile; aber auf die Dauer läßt sich das Rechtsgefühl solche Schläge in's Gesicht nicht gefallen. Auch die Theorie, — abgesehn von einigen Fanatikern vom Schlage Abegg's, der noch im Jahre 1865 (Goltd. A. XIII S. 387) nicht begreifen kann, weßhalb man einen Menschen, der einen Leidenden auf dessen Wunsch durch den Tod von weiteren Qualen befreiet hat, nicht wie einen Mörder köpfen wolle, — wurde stutzig über ihre eigenen Resultate. Sie bequemte sich zu einem von Abegg scharf getadelten Mittelwege, und concedirte die mildere Bestrafung der an dem Einwilligenden verübten Tödtung; und eine Reihe deutscher Particulargesetzgebungen, worunter nicht die preußische, folgte ihr ausdrücklich in diesem Punkte.

Seit dem Erlasse des Reichsstrafgesetzbuchs ist die principielle Stellung des positiven deutschen Rechts zu dem „volenti non fit injuria" nicht auf den ersten Blick zu erkennen. In dem ganzen Gesetze ist von der Einwilligung des Verletzten nirgends die Rede auch nicht im § 216, welchen man gewöhnlich als die Strafbestimmung für die Tödtung des Einwilligenden bezeichnet. Der Paragraph lautet vielmehr: „Ist Jemand durch das ausdrückliche und ernstliche Verlangen des Getödteten zur Tödtung bestimmt worden, so ist auf Gefängniß nicht unter drei Jahren zu erkennen."

Die Theorie hat also den freiesten Spielraum behalten, und sie hat ihn benutzt, um an der Hand der Lehre von der Unveräußerlichkeit oder Unverzichtbarkeit gewisser Rechte dem alten Rechtssprüchworte soviel Boden zu entziehn, daß man ihr zu Folge jetzt eher sagen könnte: „etiam volenti fit injuria". Wenn auch weder in den Gründen noch in allen Ergebnissen völlig einig, so kam man doch im wesentlichen zu dem gemeinsamen Resultate, daß mit Ausnahme der Delicte gegen Ehre, Vermögen und allenfalls noch persönliche Freiheit, die Einwilligung des Verletzten überall keine, oder doch nur, wie bei der Tödtung, eine strafmindernde Bedeutung habe.

Im letzten Grunde beruhte dieser radicale Umschwung der Doctrin auf der gleichzeitigen völligen Aenderung der Anschauungen vom Wesen des Rechts und Staats überhaupt. Hatte man früher gar zu rationalistisch in beiden nur Veranstaltungen menschlicher Willkür zu gewissen Nützlichkeitszwecken erblickt, so verfiel man seit dem Beginne dieses Jahrhunderts in das entgegengesetzte Extrem. Nicht um der Menschen willen sind Recht und Staat vorhanden, Gott bewahre: sie sind „Selbstzwecke", und die unbedeutenden menschlichen Individuen eigentlich nur dazu da, damit an ihnen und durch sie die Herrlichkeit jener erhabenen Wesen offenbar werde. Da kann es denn freilich nicht darauf ankommen, was der Einzelne mit seinen Gütern anfangen will; er ist ja nur ein „Werkzeug des Sittengesetzes", wie Fichte gesagt hat; Staat und Recht sind es allein, die über Alles zu verfügen haben. Nur soweit die Thatsache, daß das positive Recht anderer Meinung sei, sich schlechterdings nicht verkennen ließ, mußte man nothgedrungen die sogenannten veräußerlichen Rechte dem Belieben des Berechtigten preisgeben. Man suchte diese Concession mit dem Principe dadurch in Einklang zu setzen, daß man nur die unveräußerlichen, nicht die veräußerlichen Rechte für „Wesensbestimmtheiten der sittlichen Persönlichkeit" erklärte. Als ob die sittliche Persönlichkeit mehr dadurch einbüßte, wenn sie auf den Besitz eines Zahnes, als wenn sie auf deu ihres Vermögens verzichtet.

Wie tief diese seltsame Grundanschauung noch immer manchem hervorragenden Juristen im Blute steckt, zeigt recht deutlich eine Aeußerung Binding's. „Wer möchte ernsthaft die Behauptung aufrecht erhalten," sagt er (Normen I S. 33), „daß die Tödtung verboten werde, damit der Mörder dem Getödteten nicht unangenehm falle, und nicht vielmehr einzig und allein deßhalb, damit das Leben, dieses wichtige Rechtsgut" (d. h. Gut des Rechtes selbst) „unverletzt erhalten werde?" Wächter hat seinerzeit diese Behauptung für das gemeine Recht doch ganz ernsthaft aufrecht erhalten; nur würde er gegen die, — Binding möge den Ausdruck verzeihen —, sophistische Redewendung von dem „nicht unangenehm Fallen" protestirt haben. Wenn wir statt dessen sagen: „damit der bedrohte Einzelne nicht das zu erdulden habe, was dem irdischen Menschen als das Schrecklichste aller Dinge erscheint, den gewaltsamen Tod", so werden die Bedenken gegen einen solchen Zweck des Tödtungsverbotes nicht allzu groß sein. Ja, es könnte Leute geben, die nur hierin den Zweck des Verbotes sehn möchten, und nicht in dem Schutze der gegen Todesqual und Angst unempfindlichen Rechtsordnung.

Indessen bis in die allerneueste Zeit hat weder Wächter's sonst doch einigermaßen respectirte Stimme, noch haben die vereinzelten Angriffe Anderer die herrschende Lehre irgend merkbar zu erschüttern vermocht. Es lag dies daran, daß ihr Widerspruch mit den Thatsachen des Rechtslebens sich nicht sofort fühlbar machte. Durch die im Gesetze vorgesehene gelindere Bestrafung der Tödtung des Einwilligenden, wenigstens in den gewöhnlichen Fällen dieser seltenen That, war den Consequenzen der Theorie die anstößigste Spitze abgebrochen. Daß Tag für Tag in Deutschland Tausende von Körperverletzungen, und von schweren Körperverletzungen, vorkamen, die nur auf Grund der Einwilligung des Verletzten straflos blieben, wurden Praxis und Theorie bisher sowenig wie in diesem Augenblicke gewahr. Es hat eben niemand, weder die Verletzten noch die Staatsanwaltschaft, je daran gedacht, daß nach der anerkannt herrschenden Lehre alle diese Fälle strafbar seien.

Die Sache mußte schon recht sonderbar liegen, damit dem Reichsgerichte einmal Veranlassung wurde, sich über seine Stellung zur herrschenden Lehre bezüglich der Körperverletzung schlüssig zu machen. Es war die Tödtung eines Einwilligenden versucht, aber nur bis zur Körperverletzung ausgeführt worden. Das Reichsgericht entschied für die Strafbarkeit dieser That (Entsch. II S. 442). Schon dieses Urtheil blieb nicht unangefochten, wenngleich zum Theil aus Gründen, die für diese Abhandlung nicht interessiren. Noch sehr viel lauter aber machte sich der Widerspruch bemerkbar, als in einem anderen Falle die praktischen Consequenzen der herrschenden Lehre zu Tage traten.

Seit dem Inkrafttreten des Reichsstrafgesetzbuchs hatten die Gerichte sich mit der Frage zu befassen, ob die gewöhnliche studentische Mensur nach diesem Gesetzbuche als Zweikampf zu bestrafen sei. Zunächst drehte sich die Erörterung nur darum, ob der Studentenschläger als eine tödtliche Waffe im Sinne des Gesetzes zu gelten habe. Dann aber sahen die Gerichte sich genöthigt, auch darüber schlüssig zu werden, wie es mit einer auf der Mensur verursachten Körperverletzung oder Tödtung zu halten sei, wenn man den Schläger nicht als eine tödtliche Waffe ansehen, die Bestimmungen über den Zweikampf mithin für unanwendbar erklären wolle. Da man gelernt hatte, daß das Recht auf die Körperintegrität sowohl wie auf das Leben unverzichtbar sei, und da man überdies mit gutem Grunde bezweifeln durfte, ob in dem Einlassen in den Zweikampf überall die Erklärung eines Verzichts auf jene Rechte gefunden werden könne: so strafte man in solchem Falle wegen Körperverletzung, vielleicht auch wegen Körperverletzung mit tödtlichem Erfolge.[2]) So

---

[2]) Ob ein Urtheil letzteren Inhalts wirklich gefällt worden ist, vermag ich allerdings nicht anzugeben.

kamen denn Erkenntnisse zu Stande, wie deren Sontag (Zeitschr. für Strafr. II S. 7) eins erwähnt, durch welche Studenten, die einander ein paar leichte Schmisse beigebracht hatten, „wegen Körperverletzung" zu je fünfzehn Mark Geldstrafe verurtheilt wurden. Diese Praxis erhielt durch zwei reichsgerichtliche Erkenntnisse (Entsch. I S. 443, VI S. 61), entsprechend der im vorerwähnten Reichsgerichts-Urtheile niedergelegten Anschauung, ihre förmliche Sanction.

Dies erschien aber manchen Leuten, die sich nicht daran gewöhnen wollten, Gesetzgebung und Judicatur in directem Widerspruche mit allgemein verbreiteten und wohlbegründeten Rechtsanschauungen zu sehen, doch ein wenig zu stark. Fiel die Sache bei den vorerwähnten Fünfzehn-Mark-Urtheilen mehr in's Lächerliche, so hatte sie doch auch ihre sehr ernsten Seiten. Einmal meinte man, daß die Criminaljustiz nicht dazu da sei, in komischem Lichte zu erscheinen. Sodann war es für eine große Anzahl angesehener Männer, zum Theil in den höchsten Aemtern und Würden, kein Spaß, sich vom obersten Gerichtshofe des deutschen Reichs sagen zu lassen, daß sie in ihrer Studentenzeit so und so oft ein ganz gemeines, im Normalfalle mit Gefängniß von zwei Monaten bis zu fünf Jahren zu bestrafendes Vergehen begangen hätten, ja daß sie von Glück sagen könnten, dem Zuchthause entronnen zu sein. Denn das ist eine der unheimlichsten Consequenzen der herrschenden Lehre: wer bei einer Schlägermensur das Unglück hat, seinem Gegner eine sogenannte schwere Körperverletzung beizubringen, dem droht nach dieser Theorie das Gesetz, wenn der Schläger nicht als tödtliche Waffe gilt, in erster Reihe Zuchthaus an, wenn auch Gefängniß nicht unter einem Jahre wahlweise zugelassen ist; während ihm für den nämlichen Fall bei einem Pistolenduelle immer nur die custodia honesta der Festungshaft in Aussicht steht.

Das Reichsgericht hat sich denn auch nicht auf die Dauer der Einsicht verschließen können, daß es zu praktisch unhaltbaren Resultaten gelangt sei. Das Plenum des Gerichts (Entsch. VII S. 87) hat zwar an der Strafbarkeit der körperlichen Verletzung des Einwilligenden unbedenklich festgehalten, ist aber von dem früheren Standpunkte insofern abgewichen, als es den Studentenschläger für eine unter allen Umständen tödtliche Waffe im Sinne des Gesetzes ererklärt hat. Der damit den deutschen Studenten erwiesene Liebesdienst hat freilich seine zwei Seiten. Sind sie von der Beschimpfung, wegen eines gemeinen Vergehens verurtheilt zu werden, befreiet worden; so haben sie jetzt mindestens drei Monate Festungshaft zu erwarten, wo sie früher thatsächlich mit einer kleinen Geldstrafe davonzukommen pflegten. Das Schlimmste aber ist, daß diese neue Entscheidung des Reichsgerichts, wenn möglich, auf noch schwächeren Füßen steht als die vorangegangenen. Die Ansicht, daß der Schläger in jedem Falle als tödtliche Waffe zu gelten habe, ist wie schon früher so jetzt von neuem mit den gewichtigsten Gründen bekämpft worden. Sie kann jeden Tag vom Reichsgerichte aufgegeben werden; und dann tritt die alte Calamität wieder hervor.

Sehr merkwürdig ist die Rückwirkung, welche die erwähnten reichsgerichtlichen Urtheile auf den theoretischen Stand der Frage nach den Grenzen des „volenti non fit injuria“ geäußert haben. In vier Erkenntnissen hat der höchste Gerichtshof, wenn auch nur das eine Mal mit näherer Begründung, sich zu der herrschenden Lehre bekannt. Man sollte meinen, daß diese hiernach vollends unanfechtbar dastehen müßte. Aber gerade das Gegentheil ist eingetreten. In Veranlassung der reichsgerichtlichen Urtheile ist nicht nur die alte Anschauung, daß die Einwilligung jede Rechtsverletzung ausschließe, in mehreren Abhandlungen, freilich ohne neue Gründe, wieder vertheidigt worden (Zimmermann in Goltd. A. XXIX S. 435, Ortmann Ger.S. XXXV S. 371, Rödenbeck „der Zweikampf im Verhältniß zu Tödtung und Körperverletzung“); es sind auch die Anhänger der herrschenden Lehre bedenklich gemacht worden durch das Aussehen, welches diese in dem hellen Lichte der Praxis angenommen hat. Hälschner (Ger.S. XXXV S. 161 ff.) vertritt seine Theorie bei weitem nicht mehr mit der Zuversichtlichkeit wie früher, und was das Interessanteste ist, er verlangt vom Gesetzgeber Abhülfe gegen ihre Consequenzen.

Auch an Mittelmeinungen fehlt es nicht. So wollen Schaper (Holtzend. Handb. II S. 127 ff.), Geyer (Ger.S. XXVI S. 280) und Olshausen (Comment. zum St.G.B. § 223 Anm. 9) der Einwilligung bei geringfügigen Körperverletzungen strafausschließende Kraft zugestehen, nur bei schweren nicht oder regelmäßiger Weise nicht.

Blickt man auf diesen gegenwärtigen Stand einer seit so langer Zeit hin und her erörterten Frage, und erwägt man, daß es sich nicht um ein juristisches Detail, sondern um einen Fundamentalsatz des gesammten Strafrechts handelt: so wird man es der Mühe werth halten, zu prüfen, ob nicht ein Weg zu finden sei, der zuverlässiger als die bisher eingeschlagenen zu dem Ziele einer praktisch befriedigenden und theoretisch, wenn auch nicht unbestrittenen, — denn wo gäbe es dergleichen —, aber doch weniger als jetzt bestreitbaren Antwort führen möchte.

Einen solchen neuen Weg zu zeigen, ist der Zweck dieser Arbeit. Die systematisch erschöpfende Behandlung der Frage, unter Berücksichtigung aller einzelnen Verbrechen, bei welchem die Wirksamkeit der Einwilligung des Verletzten streitig werden kann oder geworden ist, liegt außer dem Bereiche sowohl meiner Absicht als meiner Kräfte. Nur die praktisch wesentlichsten Streitfälle gedenke ich näher zu erörtern und und einige andere zu berühren. Als meine eigentliche Aufgabe betrachte ich die Entwickelung der für das Problem erheblichen Grundbegriffe und die Angabe der Methode zu seiner Lösung.

---

§ 1.

Kritische Betrachtung der herrschenden Lehre.

Bevor ich direct an meine Aufgabe herantrete, wird eine etwas nähere Beleuchtung der herrschenden Theorie unerläßlich sein. Es wäre doch immerhin möglich, daß sie, trotz der bedenklichen Resultate in einzelnen Fällen, trotz der alten und neuen Angriffe und trotz des bemerkbaren Schwankens manches Anhängers, auf so festen Füßen stände, daß jeder Versuch, etwas Anderes an ihre Stelle zu setzen, von vornherein aussichtslos erscheinen müßte.

Ich wende mich billiger Weise zuerst zu den Gründen der bedeutendsten Autorität, welche sich zu der herrschenden Lehre bekannt hat.

Das Reichsgericht hat nur in dem Urtheile, durch welches es die versuchte Tödtung eines Einwilligenden als Körperverletzung bestraft hat (Entsch. II S. 442), seine Ansicht und deren Gründe näher entwickelt. Eigentlich nur die Gründe; denn was das Reichsgericht als seine principielle, über den Fall der Körperverletzung hinausreichende Ansicht zu erkennen giebt, wird man schwerlich für dessen wahre und bewußte Meinung halten dürfen. Es heißt in dem Urtheile, die Thatsache, daß die Einwilligung im Gesetze nur bei der Tödtung berücksichtigt worden sei, spreche dafür, „daß ihr überall sonst eine rechtliche Wirksamkeit nicht beigelegt werden sollte". Das wäre nun etwas ganz Neues und weit über die extremsten Ansichten innerhalb der herrschenden Lehre Hinausgehendes. Es gäbe danach in den

Augen des Strafgesetzes gar keine veräußerlichen Rechte mehr; auch die Vermögensrechte hätten als unveräußerlich zu gelten. Daß das Reichsgericht dies nicht gemeint habe, sehe ich als selbstverständlich an. Es dürfte aber kein unbescheidener Wunsch sein, Urtheile, die zur Nachachtung für alle deutschen Gerichte veröffentlicht werden, so redigirt zu sehn, daß sie nicht mit dürren Worten etwas sagen, was sie nicht sagen wollen.

Die Gründe des Reichsgerichts lassen sich auf drei Gesichtspunkte zurückführen: es vermißt im allgemeinen Theile des Strafgesetzbuchs eine die Einwilligung als Strafausschließungsgrund anerkennende Bestimmung; es legt dem § 216 St.G.B. eine analoge Bedeutung für die Körperverletzung bei; und es beruft sich auf die herrschende Theorie.

Die beiden ersten Gründe sind leicht zu widerlegen und längst (z. B. von Zimmermann in Goltd. A. XXIX S. 435 ff.) widerlegt worden.

Auch nach einer ausdrücklichen Bestimmung, die den Scharfrichter, welcher die Hinrichtung vollzieht, den Arzt, welcher eine Amputation vornimmt, den Vater, der sein Kind züchtigt, entgegen dem auf sie zutreffenden Wortlaute der §§ 211, 223, 224, 225 St.G.B. für straflos erklärte, würde das Reichsgericht vergeblich suchen. Zudem ist allbekannt, daß der allgemeine Theil des Strafgesetzbuchs nichts weniger sein will, als eine Codification der sämmtlichen Grundsätze des Strafrechts. Hätte das Reichsgericht die Bestimmungen des Gesetzes über die Wirkung der Einwilligung statt unter den generellen Strafausschließungsgründen, wohin sie sehr schlecht passen würden, im speciellen Theile bei den einzelnen Delicten gesucht, und dabei nicht vergessen, daß der Gesetzgeber seinen Willen nicht immer mit ausdrücklichen Worten erklärt, so würde es das Gesuchte vielleicht gefunden haben.

Bevor man den § 216 St.G.B. zu einem Schlusse per analogiam auf die Strafbarkeit auch der körperlichen Verletzung des Einwilligenden benutzen dürfte, müßte erst feststehn, daß er der Ausfluß eines allgemeinen, die Körperverletzung mit umfassenden gesetzgeberischen Principes sei. Die vorsätzliche Tödtung ist doch ein ganz eigenartiges, absonderlich schweres Verbrechen. Wenn daher der Gesetzgeber der Verletzung eines Einwilligenden überall keine weitere Erwähnung thut, als daß er sie bei der Tödtung unter eine besondere Strafbestimmung stellt, so ist hieraus an und für sich viel eher ein argumentum a contrario gegen, als ein argumentum per analogiam für die Strafbarkeit von Verletzungen Einwilligender in anderen Fällen zu entnehmen.

Diese beiden ersten Gründe sind also hinfällig. Es bleibt die Bezugnahme auf die herrschende Theorie.

Ich wähle zu deren Betrachtung die Darstellung, welche ihr Berner im § 83 seines Lehrbuchs gegeben hat. Bei der außerordentlichen Verbreitung dieses jetzt in zwölfter Auflage erschienenen Buchs wird die Annahme nicht fehlgehn, daß gerade dieses die Form sei, in welcher die Lehre von der Einschränkung des „volenti non fit injuria" durch die Unveräußerlichkeit oder Unverzichtbarkeit gewisser Rechte die Vorstellungen der Mehrzahl ihrer Anhänger beherrscht.

Berner behandelt ununterschieden die beiden Fragen:

1) wiefern kann der Mensch seine Rechte selbst aufheben?

2) wiefern kann er die Aufhebung seiner Rechte einem Anderen gestatten?

Die Beantwortung der einen soll schon die Elemente für die Beantwortung der anderen enthalten. Was zunächst Aufhebung oder Gestattung der Aufhebung des Rechts genannt wird, heißt weiterhin Verzicht auf das Recht.

Man habe nun das „volenti non fit injuria" oft viel zu weit ausgedehnt. Seine Wirksamkeit hänge von der Verzichtbarkeit des Rechts ab. Unverzichtbar seien in erster Linie diejenigen Rechte, durch deren Aufgeben man die selbstständigen Rechte Anderer, z. B. der Familie, verletzen würde, und solche, an deren Erhaltung sich ein öffentliches Interesse knüpfe. Bleiben als verzichtbar die „reinen Privatrechte". Aber auch von diesen sollen unverzichtbar sein diejenigen, „welche eine Bedingung der sittlichen Natur des Menschen bilden". Zu letzteren Privatrechten wird die persönliche Freiheit gezählt, welche „unveräußerlich" sei. Mit diesem „unveräußerlich" wird ein neuer Begriff eingeführt, der später wieder mit einem anderen vertauscht wird. Zu den „veräußerlichen und verzichtbaren" Rechten sollen „namentlich" die Vermögensrechte gehören. „Verzichtet das Individuum auf unveräußerliche Rechte, so kann zwar der Wille des verzichtenden Individuums, das besondere Recht, in dem Objecte nicht mehr verletzt werden, wohl aber noch der allgemeine Wille, das allgemeine Recht."

„Die allgemeinen Grundsätze stehen jetzt fest", sagt Berner ganz befriedigt, nachdem er obige Behauptungen so kategorisch hingestellt hat. Allgemein genug sind sie allerdings; bei Begriffen wie „öffentliches Interesse", „Bedingung der sittlichen Natur des Menschen", kann sich jeder so ziemlich denken, was er will. Als „festgestellt" würde ich solche in höchst vage Begriffe gekleidete Sätze, ohne jede Definition oder nähere Begründung, nicht ansehen.

Vor allem aber: wenn mein Verzicht auf mein unter Strafschutz gestelltes Recht den Rechten Anderer, oder dem öffentlichen Interesse zuwiderläuft, oder wenn er sittlich verwerflich ist, folgt denn daraus, die Strafbarkeit desjenigen, der von meinem Verzichte Gebrauch macht? Giebt es nicht zahlreiche Fälle, in welchen sogar die directe Verletzung der Rechte Anderer, und noch viel zahlreichere, in welchen die Verletzung eines öffentlichen Interesses, und endlich unzählige, in welchen eine sittlich verwerfliche Handlung straflos ist? Als Verletzung des Rechts des Verzichtenden kann die That nicht mehr strafbar sein, — das giebt auch Berner zu —; wenn sie aber als Verletzung des Rechts des Anderen, oder des öffentlichen Interesses, oder als unsittliche Handlung strafbar sein soll, so ist erforderlich, daß sie als Verletzung eines bestimmten Rechts des Anderen oder öffentlichen Interesses oder Gebots der Sittlichkeit ausdrücklich unter Strafe gestellt sei.

So würde denn der hinter Berner's Ausführungen verborgene gesunde Gedankenkern, ergänzt und berichtigt, dahin lauten: die Einwilligung des A in eine mit Strafe bedrohte Handlung schließt deren Strafbarkeit dann nicht aus, wenn diese Handlung nicht oder nicht nur als Verletzung des Rechts des A, sondern auch oder ausschließlich als Verletzung des Rechts des B, oder des öffentlichen Interesses, insbesondere etwa des öffentlichen Interesses der Sittlichkeit, mit Strafe bedroht ist. Dieser Satz hat vor den von Berner festgestellten allgemeinen Grundsätzen die Vorzüge der Kürze, Klarheit und Wahrheit voraus; d. h. er weist von weitem auf den richtigen Weg zur Lösung der Frage hin; für die Lösung selbst aber wird man ihn nicht halten wollen. Noch weniger ist diese natürlich in den Berner'schen Grundsätzen zu finden. Berner selbst weiß auch mit ihnen bei der Verbrechensgattung, die er specieller erörtert, den Verbrechen gegen das Leben, nichts anzufangen. Man höre:

„1) Selbstmord."

„Einen Rechtsanspruch darauf, daß das Individuum am Leben bleibe, hat weder der Staat, noch haben ihn einzelne Mitmenschen.“ — Vollkommen richtig! — „Allerdings verletzt das Individuum durch den Selbstmord seine eigenen Rechte;“ — Man hat wohl schon von Pflichten gegen sich selbst gesprochen, damit aber doch immer nur sittliche Pflichten gemeint; so handelt auch Kant von ihnen nur im 2. Theile der Metaphysik der Sitten, also in der Tugend-, nicht in der Rechtslehre; wie man sich ein rechtliches Verhältniß zu sich selbst zu denken habe, ist schwer einzusehen — „allein solche nur gegen den Thäter selbst gerichtete Handlungen pflegt der Staat nicht zu strafen, . . . als eine Rechtsverletzung kann demnach der Selbstmord nicht wohl behandelt werden.“ — Also der Selbstmord ist zwar nach Berner eine Rechtsverletzung, wenngleich nur von der absonderlichen Kategorie der Verletzungen eigener Rechte, aber weil der Staat solche Thaten nicht zu strafen pflegt, deßhalb kann der Selbstmord nicht als Rechtsverletzung, d. h. als das, was er ist, behandelt werden! —

Es wird nun weiter hervorgehoben, daß der Selbstmord gleichwohl als unsittliche Handlung im Interesse der öffentlichen Sittlichkeit bestraft werden könnte. Dies habe jedoch nicht zu geschehn; denn „der ganze Seelenzustand des Selbstmörders räth von jeder Bestrafung ab. Die Criminalstatistik schreibt ein volles Drittel der Selbstentleibungen auf Rechnung der Gehirnkrankheiten“. — Welche Kriminalstatistik dies thue, und wie sie dazu komme, da doch bekanntermaßen nur in seltenen Fällen zuverlässige Ermittelungen über den Geisteszustand der Selbstmörder angestellt werden, wird nicht gesagt. — „Demnach würde man, wenn wegen versuchten Selbstmordes gestraft werden sollte, immer erst schwierige Untersuchungen über den Gehirn- und Seelenzustand anstellen müssen, sich dabei in psychologische Conjecturen verlieren und in vielen Fällen doch am Ende zu keinem Ergebnisse kommen.“ — Als ob nicht ganz dieselben Schwierigkeiten bei den verschiedensten Verbrechen, so namentlich bei den so häufig mit Geistesstörung verknüpften Unzuchtsdelicten, vorlägen; und als ob die Schwierigkeit der thatsächlichen Feststellung und die Möglichkeit, häufig zu „keinem Ergebnisse“, soll heißen zur Freisprechung wegen zweifelhafter Zurechnungsfähigkeit zu kommen, Gründe sein könnten, eine an sich strafwürdige Handlung für straffrei zu erklären! — „Bei vollendetem Selbstmorde steht der Verhängung der Strafe schon der eingetretene Tod entgegen (vgl. den § 144 dieses Lehrbuchs). Wer aber einen Versuch des Selbstmordes gemacht hat, bedarf weit mehr einer heilenden, als einer strafenden Behandlung.“ — Auch wenn er ganz gesund ist? was doch selbst nach Berner's „Criminalstatistik“ bei zwei Dritteln zutreffen kann. — „Nicht Zwang muß er leiden, sondern frei muß er gemacht werden von der Knechtschaft unter irgend ein irdisches Gut, dessen Verlust ihm das Dasein entwerthet hatte.“ — Mit dem Argumente kann man auch für die Straflosigkeit des Diebes plädiren: „nicht Zwang muß er leiden, sondern frei muß er gemacht werden von der Begierde nach fremdem irdischen Gut“. — „Die Religion,“ so fährt Berner fort, „muß ihm den höheren Lebensgehalt aufschließen, der dem Leben auch im Unglück einen unschätzbaren Werth giebt.“ — Das könnte die Religion auch in einem unserer Muster-Erziehungs-Gefängnisse; sie wird es aber überhaupt nicht thun, sondern äußersten Falls ihn die Pflicht des Duldens lehren. Mit dem „unschätzbaren Werth des Lebens auch im Unglück“ ist es eine eigene Sache. Bisher hat man an Männern immer die Geringschätzung des Lebens vor allem bewundert, und beispielsweise die als Helden gepriesen, welche den freiwillig in hoffnungslosem Kampfe gesuchten Tod dem Leben in der Knechtschaft vorzogen. Die armen Thoren! Hätten sie nur Berner's Lehrbuch gekannt!

„2) Beihülfe zum Selbstmorde.“

„Sobald der Selbstmord für straflos erklärt ist, kann auch die von einem Anderen geleistete Beihülfe zum Selbstmorde nicht gestraft werden. Denn es ist strenges Princip, daß die Beihülfe als solche nicht strafbar ist, sobald die Handlung des Urhebers den Charakter der Strafbarkeit entbehrt.“

De lege lata ist es selbstverständlich, daß der Richter die Beihülfe nur soweit zu strafen hat, als das Gesetz sie mit der Hauptthat oder ohne diese für strafbar erklärt. Es ist indessen anzunehmen, daß Berner hier wie im Voranstehenden von rechtlichen Principien de lege ferenda spricht. Dann ist aber nur soviel richtig, daß regelmäßiger Weise diejenigen Gründe, welche die Straflosigkeit der Hauptthat herbeiführen, das Gleiche auch hinsichtlich der Beihülfe bewirken werden. Es ist aber sehr wohl möglich, daß Gründe vorliegen, die Hauptthat für straflos, die Beihülfe für strafbar zu erklären. In einem solchen Falle mag es correcter sein, die Beihülfe nicht „als solche“, sondern unter dem Namen eines besonderen Delicts zu strafen; es ist das aber lediglich eine Frage der Nomenclatur, die nichts zur Sache thut. So ist nach deutschem Strafrechte die Beihülfe zur straflosen Unzucht unter gewissen Umständen zu dem besonderen Delicte der Kuppelei gestempelt worden; während im § 247 Abs. 3 St.G.B. die Beihülfe zu einer straflosen That „als solche" für strafbar erklärt ist. Da nun die sämmtlichen Gründe, welche nach Berner's Meinung zur Straflosigkeit des Selbstmordes führen sollen, nur bei dem Thäter selbst zutreffen, so hätte er sich von seinem Standpunkte aus consequenter Weise für die Strafbarkeit der Beihülfe erklären müssen.

„3) Tödtung des Einwilligenden."

„Der Mensch darf sich selbst nicht tödten; der Selbstmord ist unsittlich, wenn auch nicht strafbar. Das Leben ist kein veräußerliches Privatrecht, weil es der Träger der sittlichen Persönlichkeit ist. Steht aber dem Menschen selbst kein Recht über sein Leben zu, so kann er dies auch einem Anderen nicht übertragen."

Das wäre also der Beweis für die Strafbarkeit der Verletzung des Einwilligenden, geführt auf Grund der Lehre von der Unverzichtbarkeit des verletzten Rechts. Man sieht, er läßt an Logik Einiges zu wünschen.

„Das Leben ist kein veräußerliches Privatrecht", das ist, wenn der Unveräußerlichkeit kein falscher Sinn untergeschoben wird, richtig, obschon der dafür angegebene Grund, zum mindesten in seiner Fassung, juristische Klarheit und Schärfe vermissen läßt. Aber ein unveräußerliches Recht bleibt darum doch ein Recht; wie kommt also Berner dazu, im nächsten Satze davon zu reden, daß dem Menschen überhaupt kein Recht über sein Leben zustehe? Und vorhin sollte doch auch der Selbstmörder „seine eigenen Rechte", was doch nur heißen konnte sein Recht des Lebens verletzen? Indessen das mag mehr Unklarheit des Ausdrucks sein, nun aber kommt eine sachliche Verworrenheit. Aus der Unverzichtbarkeit des Rechts sollte anfänglich die Strafbarkeit der Verletzung des Einwilligenden hergeleitet werden; dann wurde statt dessen die Unveräußerlichkeit eingeschoben; und nun, bei dem ersten Specialfalle, an welchem die Theorie erprobt werden soll, sehen wir uns vermöge jenes Zwischenbegriffs plötzlich bei der Unübertragbarkeit angelangt, oder genauer bei der Unmöglichkeit, ein Recht zu übertragen, weil der Betreffende keins hat. Wir stehn hier vor dem Angelpunkte der herrschenden Lehre; denn hier soll uns klar gemacht werden, weßhalb denn der erklärte Verzicht auf ein sogenanntes unverzichtbares Recht nicht wenigstens die Wirkung haben kann, denjenigen straflos zu machen, der mit Rücksicht auf den Verzicht an dem preisgegebenen Rechte sich vergreift. Es ist das eine Frage, die Berner für vollberechtigt anerkennen muß, da er lehrt, daß auch das unveräußerliche Recht nach erklärtem Verzichte überhaupt nicht mehr verletzt werden könne. Wenn er sie vorhin mit der Behauptung zu erledigen suchte, daß in dem Objecte eines solchen aufgegebenen Rechts doch noch „das allgemeine Recht" verletzt werde, so hat das sicher niemanden befriedigen können. Und wenn er jetzt die Antwort ertheilt, es liege daran, daß der verzichtende Berechtigte kein Recht übertragen könne, weil er keins habe, so wird man von dieser Erklärung noch weniger erbaut sein.

Um indessen der herrschenden Lehre nicht Unrecht zu thun, wollen wir über diesen Hauptpunkt noch einen anderen ihrer namhaftesten Vertreter hören.

Hälschner (Syst. I S. 235 ff.) deducirt folgendermaßen: Der Person steht kein Recht zu, über eine Wesensbestimmtheit ihrer selbst zu verfügen, weil eine solche Disposition die an sich unsittliche That der Selbstentäußerung sein würde, und das an sich Unsittliche nicht Inhalt der subjectiven Berechtigung der Person sein kann. Hat die Person kein solches Dispositionsrecht, so kann sie auch keins übertragen. Folglich kann, wenn es sich um die Verletzung einer Wesensbestimmtheit der Person handelt, die Einwilligung des Verletzten „der Handlung den rechtsverletzenden, verbrecherischen Charakter nicht nehmen".

Aber Hälschner selbst sagt (S. 236 oben) ganz richtig, daß aus dem Mangel des Rechts zu einer Handlung noch nicht eine rechtliche Pflicht zu ihrer Unterlassung folge, deren Uebertretung einen rechtlichen Nachtheil, wohl gar eine Strafe nach sich ziehen müßte. Handlungen, zu denen man kein subjectives Recht hat, sind deßwegen noch nicht rechtswidrig, sondern können sehr füglich rechtlich indifferent sein, selbst wenn sie moralisch nicht indifferent sein sollten. Das gilt nicht minder von Handlungen, die ein Individuum an einem anderen, als von solchen, die es an sich selbst vornimmt. Und doch soll die Einwilligung des Verletzten, lediglich weil sie dem Thäter kein Recht zu der That geben kann, dieser That auch den verbrecherischen Charakter nicht zu nehmen vermögen. Es ist das ein Fehlschluß in Form einer ganz eclatanten quaternio terminorum: dem rein negativen Begriffe des Mangels eines subjectiven Rechts wird der positive der Rechtswidrigkeit untergeschoben. Der von Hälschner gewählte, nicht ganz correcte Ausdruck, die Einwilligung könne der Handlung den verbrecherischen Charakter nicht nehmen, verhüllt diesen Fehlschluß nur schwach. Es handelt sich im Grunde nicht um Nehmen oder Geben, sondern um den Beweis dafür, daß eine gewisse That mit allen ihren wesentlichen Merkmalen, wozu hier die Einwilligung des Verletzten gehört, einen verbrecherischen Charakter habe. Aber wenn man auch die Hälschner'sche Wendung adoptiren will, so fragt es sich eben: weßhalb die Einwilligung der Handlung den verbrecherischen Charakter nicht nehmen könne. Und darauf giebt Hälschner die Antwort: weil sie dem Thäter kein Recht zu der Handlung giebt; während er unmittelbar vorher selbst erklärt hat, daß aus dem Mangel eines solchen Rechts für den verbrecherischen oder nicht verbrecherischen Charakter der That absolut nichts folge.

Also hier in dem Cardinalpunkte der Begründung der herrschenden Lehre bei Hälschner nicht minder als bei Berner ein offenbarer Verstoß gegen die Logik.

Ich wende mich zu Berner zurück. Nachdem er anscheinend den maßgebenden Grund für die Strafbarkeit der Tödtung des Einwilligenden darin gefunden hat, daß man ein Recht, welches man nicht habe, nicht übertragen könne, hebt er unvermittelt einen ganz anderen, vorher schon angedeuteten Gesichtspunkt hervor. „Verzichtet der besondere Wille des Berechtigten auf das Leben, so doch nicht der allgemeine Wille, der die Gesetze zum Schutze des Lebens im öffentlichen Interesse gegeben hat." — Aber vorhin wurde doch gesagt, daß weder der Staat noch einzelne Mitmenschen, also doch wohl überhaupt niemand außer dem Individuum selbst einen Rechtsanspruch darauf habe, daß dieses am Leben bleibe. Hat aber der allgemeine Wille, „der die Gesetze gegeben hat", worunter man doch wohl den Staatswillen zu verstehn haben wird, kein Recht auf das Leben des Einzelnen, so ist es auch rechtlich gleichgültig, ob er auf ein solches verzichten will oder nicht. Daß Berner hier unter dem allgemeinen Willen, wie das sonst wohl üblich, den erklärten allgemeinen Willen, d. h. das objective Recht verstanden haben sollte, ist wegen des Zusatzes „der die Gesetze gegeben hat" kaum denkbar; auch wäre es denn doch eine seltsame Vorstellung, das objective Recht als den Inhaber eines subjectiven Rechts am Leben der Individuen zu denken. Und was das hier wieder herangezogene öffentliche Interesse betrifft, so würde dieser Begriff erst der Klarstellung bedürfen, ehe man irgend etwas aus ihm deduciren könnte. Im öffentlichen

Interesse sind auch die Gesetze gegen Diebstahl, Nothzucht &c. erlassen; und doch schließt da die Einwilligung zweifellos das Verbrechen aus.

Mit der Bemerkung, daß die Tödtung des Einwilligenden, wenn auch strafbar, so doch gelinder zu strafen sei als die des Nichteinwilligenden, weil erstere nur den allgemeinen, letztere diesen und den besonderen Willen verletze, schließt Berner seine Ausführungen.

Damit wären wir mit der Betrachtung der herrschenden Lehre, wie sie sich in der meistverbreiteten Darstellung eines anerkannten Hauptvertreters ausnimmt, zu Ende. Eine gründlichere Kritik derselben wird sich bei der positiven Entwickelung einer entgegenstehenden Ansicht von selbst ergeben. Mir kam es vorläufig nur darauf an, den festen Glauben an die Richtigkeit der herrschenden Meinung zu erschüttern, um einen empfänglichen Boden für eine andere Auffassung zu gewinnen. Dazu dürften die obigen Bemerkungen genügt haben. Ich hoffe schon jetzt keinen Widerspruch mehr zu finden, wenn ich behaupte: die bloße Bezugnahme auf eine so fundamentirte Lehre vermag das reichsgerichtliche Urtheil nicht besser zu stützen, als seine beiden anderen Gründe.

---

§ 2.

Begriff der Einwilligung.

Es muß Wunder nehmen, eine Doctrin, die keine besseren Argumente für sich hat, und bereits vor sechzehn Jahren von keinem Geringeren als Wächter (Ger.S. XX S. 1 ff.) kurz und bündig widerlegt, auch später nochmals von Ortmann (Goltd. A. XXV S. 104, XXVI S. 195) mit Scharfsinn und großentheils zutreffenden Gründen bekämpft worden ist, in so unvermindertem Ansehen zu finden, daß unser höchster Gerichtshof sie wie etwas Selbstverständliches seinem Urtheile zu Grunde legen konnte.

Die Hauptursache dieser Erscheinung, wie überhaupt der Unfruchtbarkeit des ganzen bisher geführten Streites, die sich aus seinem Resultate, dem eingangs geschilderten jetzigen Stande der Frage, ergiebt, scheint mir darin zu liegen, daß man bisher ausnahmslos die Untersuchung am verkehrten Ende angefangen hat. Man ist immer ohne Weiteres dazu geschritten, die Grenzen für die Wirksamkeit der Einwilligung des Verletzten festzustellen, und hat dabei womöglich gleich bei dem schwierigsten und bestreitbarsten Falle, dem der Einwilligung in die Tödtung, begonnen, ohne auch nur einmal den Versuch zu machen, zuvörderst über den Begriff der Einwilligung Verständigung und Klarheit zu erzielen. Nun ist aber die Feststellung dieses Begriffes offenbar das erste Erforderniß für einen gedeihlichen Fortgang der Erörterung. Hätte man diese Feststellung ernstlich unternommen, so würde man bald dahinter gekommen sein, nicht nur daß fast jeder der Streitenden sich unter der Einwilligung etwas Verschiedenes, sondern auch daß vielleicht kein Einziger sich darunter etwas völlig Richtiges dachte. Dies ist also der Punkt, wo man einzusetzen hat, wenn man hoffen will, durch eine neue Untersuchung der Lösung des alten Problems näher zu kommen.

Um die Begriffsbestimmung der Einwilligung mit Aussicht auf allseitiges Einverständniß zu unternehmen, darf man diesen Begriff nicht an einem der bestrittensten Fälle wie Tödtung oder Körperverletzung entwickeln wollen; denn da findet sich kein fester gemeinsamer Boden; man muß vielmehr von einem Falle ausgehn, für welchen die Wirksamkeit der Einwilligung allgemein anerkannt ist. Nur an Fällen, in welchen die Bedeutsamkeit eines Begriffes schon feststeht, läßt sich seine Bedeutung entwickeln.

Ich werde bei dieser Entwickelung, an ein ganz bestimmtes Beispiel anknüpfend, zunächst in negativer Weise verfahren, indem ich mich auf den logischen Grundsatz stütze, daß wenn es gelingt, auch nur ein einziges Beispiel für einen Begriff zu finden, in welchem er ein gewisses, durch irgend eine Definition ihm beigelegtes Merkmal nicht hat, hieraus mit Zuverlässigkeit zu schließen ist, jene Definition, möge sie in noch so viel anderen Fällen zutreffend scheinen, sei im Ganzen falsch, weil zu eng. Wenn wir auf diese Weise an einem concreten Beispiele alle bisher theils ausdrücklich ausgesprochenen, theils stillschweigend vorausgesetzten Vorstellungen vom Wesen der Einwilligung als mit unrichtigen Merkmalen behaftet erkannt haben werden, wird sich am Schlusse der reine Begriff der ächten Einwilligung, wie ich sie nennen will, ganz von selbst ergeben.

Ich wähle als Beispiel einen Fall der Sachbeschädigung. Ich würde den eines anderen unbestrittener Maßen dem „volenti non fit injuria“ unterstellten Delicts, etwa des Diebstahls, vorziehen; denn die Sachbeschädigung ist im Reichsstrafgesetzbuche bekanntlich zum Antragsvergehn erklärt, und ich halte es nicht für absolut unmöglich, daß jemand geneigt sein könnte, diese Qualität des Vergehens störend in meine Erörterungen hineinzuziehn. Aber aus Gründen, die sich bald ergeben werden, kann ich innerhalb des von der herrschenden Lehre so außerordentlich eng begrenzten unbestrittenen Wirksamkeits-Gebietes der Einwilligung für meinen Zweck nicht füglich einen anderen Fall als den der Sachbeschädigung gebrauchen. Ich darf auch wohl, da ich kein anderes als ein juristisches Lesepublikum zu erwarten habe, mich der Hoffnung hingeben, jener möglichen Störung genügend vorzubeugen, wenn ich kurz daran erinnere, daß Antragsrecht und Einwilligung mit einander nichts zu thun haben. Bei jenem bestimmt der Wille des Verletzten, ob eine unzweifelhaft vorliegende Strafthat verfolgt werden solle, bei dieser, ob eine gewisse Handlung sich als strafbar oder straflos darstelle. Der Verzicht auf den Antrag schließt die Verfolgung des Verbrechers, die Einwilligung, soweit sie überhaupt etwas wirkt, die Möglichkeit des Verbrechens aus. Man kann deßhalb die Qualität der Sachbeschädigung als Antragsvergehens getrost hinweg denken, ohne daß hierdurch die nachstehenden Deductionen im mindesten beeinflußt würden. Zur mehreren Sicherheit will ich mich noch darauf berufen, daß auch ein namhafter Anhänger der herrschenden Lehre, Schütze (Lehrb. § 33, Anm. 7), jedes Hereinziehn des Antragsrechts in unsere Frage ausdrücklich zurückweist.

Ich nehme nun folgendes Beispiel: der A gestattet dem B, auf eine dem A gehörige Sache zu schießen, etwa indem er wettet, daß B nicht treffen werde; B schießt, trifft und zerstört oder beschädigt die Sache.

Es besteht kein Zweifel daran, daß hier eine strafbare Sachbeschädigung nicht vorliege, und zwar deßhalb nicht, weil A dem B das Schießen gestattet hatte. Es ist ein sicherer Anwendungsfall des „volenti non fit injuria".

Dieses Beispiel ergiebt für den Begriff der Einwilligung das Folgende:

1) Das Wesen der Einwilligung besteht nicht in der Uebertragung des in Frage kommenden Rechts des Einwilligenden auf den Anderen. B war nicht Eigenthümer der Sache geworden. Es verdient dies hervorgehoben zu werden angesichts der seltsamen Anwendung, die man ganz allgemein bei Unterschlagung und Diebstahl von dem Satze „volenti non fit injuria" macht.[1]) Wenn ein

---

[1]) So z. B. in krassester Weise Schaper in Holtzend. Hdb. II § 14, Anm. 4.

Anderer mit meiner erklärten Zustimmung meine Sache in Zueignungsabsicht hinnimmt, so liegt allerdings ganz sicherlich kein Diebstahl, sondern irgend ein Rechtsgeschäft, etwa Zahlung oder Schenkung vor. Es verstößt aber gegen die elegantia juris, sich zum Beweise dafür, daß Zahlungs- oder Schenkungsannahme kein Diebstahl sei, auf das „volenti non fit injuria" zu berufen. An eine so entsetzliche Trivialität hat weder Ulpian, als er den Satz zuerst aufstellte, noch später bis in die neuere Zeit hinein irgend ein Kriminalist, der ihn citirte, gedacht. [2]) Auch die Civilisten dürften an einer Definition der Zahlung als eines vom Eigenthümer erlaubten Diebstahls wenig Geschmack finden. Der Satz bezieht sich doch nur auf Fälle, in welchen man an eine injuria zu denken Veranlassung hat. Hier aber kann von einem Unrechte gar keine Rede sein, weil der Wegnehmende schon mit dem ersten Berühren der Sache kraft des Rechtsgeschäfts ihr Eigenthümer wird. Es ist denn auch erst die moderne Doctrin, nachdem sie dem Satze sein wesentlichstes Anwendungsfeld entzogen hatte, darauf verfallen, ihn da anzuwenden, wo er weder von Nöthen ist, noch hinpaßt.

2) Die Einwilligung besteht nicht in der Constituirung eines R e c h t s für den Anderen zur Vornahme der fraglichen Handlung. Die gegentheilige Ansicht ist bereits oben als ein Grundirrthum der herrschenden Lehre gekennzeichnet worden. In Bezug auf die Einwilligung in die Verletzung der sogenannten unveräußerlichen Rechte haben auch schon Wächter und Ortmann in den vorhin citirten Abhandlungen mit aller Schärfe diesen Irrthum bekämpft. Beide betonen, daß es sich gar nicht darum handle, dem Anderen ein selbstständiges Recht zur körperlichen Verletzung oder Tödtung des Einwilligenden zu schaffen; daß also aus der Unmöglichkeit einer Verpflichtung, sich körperlich verletzen oder tödten zu lassen, gar nichts für die Strafbarkeit desjenigen folge, der eine dieser Handlungen gegen den fortdauernd Einwilligenden begeht. Unser Beispiel beweist, daß auch gegenüber den veräußerlichen Rechten die Entstehung eines Rechts des Anderen zur That keine wesentliche, sondern höchstens einmal eine nebensächliche Folge der Einwilligung ist. Wenn A vor dem Schusse seine Einwilligung zurückgenommen

---

[2]) In der Stelle, wo Ulpian den Satz auf den Diebstahl anwendet (L. 46 § 8 D. de furtis 47, 2) spricht er von dem römischen furtum usus; von der Uebertragung eines Rechts ist dort keine Rede.

und das Schießen gehindert hätte, so würde kein Richter den B mit einer Klage auf Gestattung des Schusses erhören. Läge eine Wette vor, so könnte B möglicherweise mit Erfolg klagen aber jedenfalls nur auf Bezahlung der Wettsumme; ein Recht, die Sache zunichte zu schießen, würde er auch dann nicht haben. Will man sich das ganz deutlich machen, so denke man an ein dem A gehöriges werthvolles Kunstwerk als Zielobject; eine Verbindlichkeit, auf dasselbe schießen zu lassen, würde hier als geradewegs contra bonos mores unter keinen Umständen mit rechtlicher Wirkung eingegangen werden können.

Von den Fällen, in welchen ein wahres Recht des Anderen zu der verletzenden Handlung constituirt worden ist, gilt wieder das Nämliche, was ich schon von den Fällen der Rechtsübertragung gesagt habe. Es ist da weder nöthig noch juristisch geschmackvoll, die Straflosigkeit der Handlung aus dem „volenti non fit injuria“ herzuleiten. „Qui jure suo utitur, neminem laedit“ ist hier die zutreffende Rechtsregel. Das Stärkste in entgegengesetzter Beziehung leistet Schütze (Lehrb. S. 95). Er bezeichnet als ein verzichtbares Rechtsverhältniß, an welchem deshalb gegen den einwilligenden Berechtigten kein Verbrechen begangen werden könne, „die Freiheit mit Bezug auf ein vermögensrechtliches Handeln, Dulden oder Unterlassen.“ Das kann doch nichts Anderes heißen sollen, als daß die Annahme oder Geltendmachung eines obligatorischen Versprechens eine Freiheitsberaubung sei, der nur kraft des Satzes „volenti non fit injuria“ der verbrecherische Charakter fehle!

3) Die Einwilligung ist keine Dereliction des fraglichen Rechts. A giebt in unserem Beispiele das Eigenthum der Sache nicht auf. Will man dagegen erwidern, das Recht, welches A derelinquire, sei nicht das Eigenthum überhaupt, sondern nur sein Recht, die Sache unbeschädigt zu behalten; so ist zunächst zu sagen, daß die Annahme eines solchen Rechts, als eines vom Eigenthum gesonderten, nicht unbedenklich sein dürfte. Sodann aber derelinquirt A auch dieses Recht nicht. Wenn irgend ein Dritter, nachdem B die Erlaubniß erhalten, die Sache zerstört hätte, so würde er zweifelsohne wegen Sachbeschädigung strafbar sein, selbst wenn er es mit Kenntniß jener Erlaubniß gethan haben sollte; denn ihm galt diese nicht. Dies muß besonders gegen Ortmann (Goltd. A. XXV S. 119) und Rödenbeck (der Zweikampf im Verh. zur Tödtung und Körperverl.

S. 44) hervorgehoben werden.[3]) Diese lassen den X, wenn er einwilligt, vom Y getödtet zu werden, dadurch zu einem „untauglichen Objecte" für den Mord werden; so daß, wenn hierauf Z, ohne Kenntniß jener Einwilligung, den X tödte, dies nur ein Mordversuch am untauglichen Objecte sei! Selbst das Todesurtheil macht anerkanntermaßen den Verurtheilten nur dem Scharfrichter gegenüber zur bestimmten Stunde zu einem untauglichen Objecte für den Mord; und die bloße Einwilligung in die Tödtung durch eine bestimmte Person sollte eine derartige Wirkung jedem Beliebigen gegenüber haben? Rödenbeck meint (a. a. O. S. 37), wer nicht mehr leben wolle, habe überhaupt kein Recht mehr, welches der Staat schützen müßte. Durch eine so krasse Formulirung werden der im Wesentlichen richtigen Ansicht, die er vertritt, keine Anhänger gewonnen werden.

Es giebt zwar Fälle, in welchen eine wirkliche Dereliction die Möglichkeit eines gewissen Verbrechens ausschließt. So kann eine derelinquirte Sache nicht mehr gestohlen werden. Der Grund liegt aber einfach darin, daß sie herrenlos geworden ist, und nicht in einer Einwilligung des Verletzten. Das „volenti non fit injuria" wird hier mit keinem besseren Rechte herangezogen als in den unter 1 und 2 besprochenen Fällen. All' dergleichen gehört überhaupt nicht unter den Begriff der ächten Einwilligung, noch viel weniger kann es ihr Wesen ausmachen. Einige hiermit zusammenhängende casuistische Fragen werde ich an einer späteren Stelle berühren.

4) Die Einwilligung ist kein Verzicht auf ein Recht. Von der entgegengesetzten Anschauung scheint Berner im Anfange des § 83 seines Lehrbuchs auszugehn, gegen die Mitte hin ist er allerdings schon bei einer anderen angelangt. Auch Ortmann operirt bald mit dem Begriffe des Verzichts, bald mit dem engeren der Dereliction, ohne beide genügend zu unterscheiden. In unserem Beispiele verzichtet aber A weder auf sein Eigenthum, noch auf ein Specialrecht des Unversehrtbehaltens seiner Sache, noch etwa auf sein öffentliches Recht strafgesetzlichen Schutzes, falls man einen wirksamen Verzicht letzterer Art für denkbar halten wollte. Er verzichtet überhaupt auf nichts. Denn mag man nun für einen gültigen Verzicht die Vertragsform verlangen, oder die einseitige Erklärung genügen lassen,

---

[3]) Ersterer setzt sich übrigens hier mit seiner kurz zuvor (a. a. O. S. 109) geäußerten richtigeren Ansicht in Widerspruch.

darüber ist man doch einig, daß von einem Verzichte auf dem Gebiete des Rechts nur dann geredet werden könne, wenn die fragliche Erklärung eine Veränderung in dem Rechtszustande des Verzichtenden, den Verlust sei es eines Rechts oder der Möglichkeit des Erwerbes eines solchen, zur Folge habe. Durch die Erklärung, dem B das Schießen zu gestatten, hat sich aber in den Rechtsverhältnissen des A nicht das Mindeste geändert; — die Wette kommt natürlich nicht in Frage, oder nehmen wir an, er habe nicht gewettet, sondern dem B den Schuß nur zu dessen Vergnügen gestattet —; A kann die Erlaubniß in jedem Augenblicke zurücknehmen, während doch ein wirklicher Verzicht unwiderruflich ist.

Ortmann hat dies keineswegs verkannt; er hält die Einwilligung für einen ausnahmsweise frei widerruflichen Verzicht. Das ist aber eine Definition durch eine contradictio in adjecto. Es ist überdies höchst gefährlich, einen durch die Wissenschaft bereits für einen bestimmten Begriff in Beschlag genommenen Kunstausdruck mittels eines seinem bisherigen Sinne widersprechenden Beiworts zur Bezeichnung eines anderen Begriffes zu verwenden. Lediglich an die irreführende Bezeichnung der Einwilligung als eines Verzichts knüpft sich die Behauptung, daß man in die Verletzung der unverzichtbaren Rechte nicht mit Wirksamkeit einwilligen könne. Man denkt eben bei dem Worte Verzicht an eine bindende Willenserklärung. Auch Ortmann selbst ist durch den Verzichtsbegriff zu Irrthümern verleitet worden, von denen einer bereits Erwähnung gefunden hat.

5) Die Einwilligung ist keine Anstiftung des Anderen zu der schädigenden Handlung. Um dies einzusehen, genügt es, sich unser Beispiel so zu denken, daß A dem B das Schießen nur ungern, auf dessen dringendes Zureden, um ihm das Vergnügen einer Geschicklichkeitsprobe zu verschaffen, erlaubt habe.

6) Die Einwilligung ist kein Wollen des Erfolges. Dieses Wollen und die damit eng verwandte Anstiftung erklärt Hälschner in seiner neuesten Besprechung unseres Themas (Ger.S. XXXV S. 161 ff.) für die wesentlichen Merkmale der Einwilligung. „Die Verletzung des Einwilligenden" (richtiger: die Einwilligung des Verletzten) „setzt voraus, daß dieser die Verletzung nicht nur wünscht, sondern will, beabsichtigt, darum auch mit dem Bewußtsein handelt, sie selbstthätig zu verursachen, indem er einen Anderen anstiftet und sich desselben zur Verwirklichung seiner Absicht bedient" (a. a. O. S. 176).

In seiner Polemik gegen Rödenbeck's vorerwähnte kleine Schrift hat er zu dieser Begriffsbestimmung ein gewisses Recht. Geht doch Rödenbeck (a. a. O. S. 34) so weit, zu behaupten: „der Getödtete ist bei der Tödtung eines Einwilligenden die Seele des Unternehmens, der Tödtende nur sein Werkzeug"; womit es sich freilich schwer vereinbaren läßt, wenn Rödenbeck die Tödtung im Zweikampfe für die eines Einwilligenden erklärt. An und für sich aber ist die neueste Hälschnersche Definition viel zu eng. Sie soll auch nach Hälschner selbst keine allgemeingültige sein; vielmehr behauptet er nur: wenn überall das „volenti non fit injuria" auf Verletzung von Gesundheit und Leben Anwendung finde, so müsse in diesen Fällen die Einwilligung eine „engere und wesentlich andere Bedeutung" haben als in den übrigen, und zwar die vorhin angegebene.

Diese ebenso neue wie überraschende Behauptung irgendwie zu begründen, giebt Hälschner sich nicht die Mühe. So wenig man auch bis jetzt über den Begriff der Einwilligung und die Grenzen ihrer Wirksamkeit einig geworden ist, daran, daß wir es mit einem einheitlichen Begriffe zu thun haben, und daß mit dem „volenti" nicht in einem Falle dies, im anderen das gemeint sei, hat früher noch niemand, auch Hälschner selbst nicht, gezweifelt. Indem ich mich bemühte, für die neue Hälschner'sche Ansicht wenigstens einen Scheingrund aufzufinden, welcher der Widerlegung bedürfte, habe ich weiter nichts zu entdecken vermocht, als daß er vielleicht die Bestimmung des § 216 St.G.B. im Sinne gehabt hat. Es würde in den Gang der Untersuchung nicht passen, wenn ich schon an dieser Stelle auf eine Interpretation dieser Bestimmung näher eingehen wollte. Mag es aber auch richtig sein, daß der § 216 cit. für die mildere Strafe, die er bestimmt, ein Verhalten des Getödteten, wie Hälschner es für die Einwilligung verlangt, zur Bedingung macht; so folgt daraus doch weiter nichts, als daß dieser Paragraph eben nicht auf den Fall der bloßen Einwilligung, sondern nur auf den der Anstiftung zur Tödtung, vielleicht sogar nur auf eine besondere Art der Anstiftung angewendet werden will. So sagt auch Oppenhoff in der Anmerkung 2 zu § 216: „Einwilligung genügt nicht". Nun aber gar diesen Paragraphen ohne weiteres von der Tödtung auf die Körperverletzung auszudehnen, ist, wie bereits gegen das Reichsgericht bemerkt, die reine Willkür.

Obwohl Hälschner selbst seine neue Definition nicht als eine allgemein richtige hinstellt, so ist es doch von Interesse, ihre Unrichtigkeit etwas näher zu beleuchten, und zwar um so mehr, als Hindeutungen auf einen solchen unrichtigen Begriff der Einwilligung auch anderwärts, z. B. bei Rödenbeck, zu finden sind.

Um das Erforderniß der Anstiftung zurückzuweisen, genügt das unter 5 Bemerkte. Es darf aber auch ein Wollen des verletzenden Erfolges nicht in die Definition aufgenommen werden. Ich sehe davon ab, daß man im strengen psychologischen Sinne ein Ereigniß überhaupt nicht wollen kann, und nehme den Ausdruck in der sprachüblichen metaphorischen Bedeutung. Aber auch in diesem Sinne würde A die Zerstörung der Sache nur dann gewollt haben, wenn er sie als eine sichere Folge des Schusses vorausgesehen hätte. That er das nicht, wie durch seine Wette bewiesen sein würde, so kann man höchstens noch von einem Zulassen des Erfolges reden. Das „wollen Müssen" aller möglichen Folgen, wenn man die Ursache wolle, welches Rödenbeck (a. a. O. S. 26) als gleichwerthig mit dem Wollen behauptet, ist, wie Hälschner zutreffend bemerkt, eine Vergewaltigung des Begriffs. Nun kann man aber noch einen Schritt weiter gehen und annehmen, A habe den Bedingungen der Wette entsprechend dies und das thun dürfen und wirklich gethan, um das Treffen zu verhindern. Auch dann würde nach wie vor eine wegen Einwilligung des Verletzten straflose Sachbeschädigung vorliegen. Es würde aber gegen den Sinn der Sprache sein, in diesem Falle zu behaupten, A habe die Zerstörung der Sache, die zu hindern er thätlich bemüht gewesen ist, gewollt, oder auch nur in dieselbe eingewilligt.

Und umgekehrt: man kann den Erfolg wollen in dem Sinne, in welchem dies irgend von dem Erfolge einer fremden Handlung gesagt werden kann, ohne in dessen Herbeiführung einzuwilligen. So mancher von Zahnweh Geplagte will den kranken Zahn gerne los sein; damit hat er noch längst nicht in das Ausziehen eingewilligt. Ortmann's Behauptung (Goltd. A. XXV S. 118): „wer die Wirkung will, muß auch die Ursache wollen," geht in dem Sinne, welchen Ortmann ihr giebt, an Gewaltsamkeit noch über den umgekehrten Rödenbeck'schen Satz hinaus.

Vor allem aber, es ist, wie sich sogleich und im weiteren Verlaufe der Untersuchung immer deutlicher zeigen wird, weder für eine richtige Definition der Einwilligung, noch für die Erzielung des auch von Rödenbeck und Ortmann erstrebten sachgemäßen Resultats, irgend von Nöthen, zu solchen Gewaltsamkeiten, die nur Mißverständnisse und Widerspruch nach sich ziehen, seine Zuflucht zu nehmen.

Als Resultat der obigen Ausscheidung falscher Begriffe tritt nämlich jetzt dies hervor: Gegenstand der Einwilligungserklärung ist nicht ein Recht; sie hebt kein solches des Einwilligenden auf und begründet keins für den Anderen; ihr Gegenstand ist auch nicht der in Aussicht genommene schädigende Erfolg; sie bezieht sich vielmehr auf nichts mehr und nichts weniger als auf die Handlung des Anderen.

Das Wort „Einwilligung" drückt dies auch vollkommen deutlich aus; es ist ein so glücklich geprägter terminus technicus, wie wir deren wenige besitzen. Einwilligung ist die Erklärung der Uebereinstimmung meines Willens mit dem Willensacte eines Anderen.

Sucht man ein civilistisches Analogon, so bietet sich ein naheliegendes in der reinen, vom Auftrage gesondert zu denkenden Vollmacht. Zur Verdeutlichung des Wesens der Einwilligung und ihrer Wirkungen läßt sich dasselbe in der That vortrefflich gebrauchen; nur wird man sich hüten müssen, irgend einen für die Vollmacht gültigen Rechtssatz ohne Weiteres auf die Einwilligung anwenden zu wollen. Das haben beide gemein, daß weder dem Bevollmächtigten noch dem Empfänger der Einwilligung ein selbstständiges, dem Belieben des Vollmachtgebers bezw. des Einwilligenden entzogenes Recht erwächst. Wie die Vollmacht nicht den Vollmachtgeber, so bindet auch die ächte Einwilligung den Einwilligenden nicht einen Augenblick. Das a conto der Vollmacht oder Einwilligung einmal Geschehene müssen freilich Beide geschehen sein lassen, wie das mit einer eigenen Handlung auch der Fall sein würde. Aber es bleibt die große Verschiedenheit, daß die Vollmacht eine rechtliche Vertretungsbefugniß, die Einwilligung dagegen nur die faktische Möglichkeit schafft, das straflos zu thun, was ohne sie Strafe zur Folge haben würde. Durch die Einwilligung ist die Handlung nicht zu einer berechtigten, sondern nur zu einer rechtlich indifferenten geworden. Man kann Aehnlichkeit und Unterschied kurz dahin zusammenfassen: wie die Vollmacht dem Bevollmächtigten die Möglichkeit giebt, etwas mit civilrechtlichen Folgen zu thun, was ohnedem nur der Vollmachtgeber selbst mit diesen Folgen thun könnte; so giebt die Einwilligung, — soweit sie überhaupt etwas wirkt —, dem Empfänger die Möglichkeit, etwas ohne strafrechtliche Folgen zu thun, was sonst nur der Einwilligende ohne diese Folgen thun könnte. [4])

Ich bin weit entfernt von der Meinung, hiermit schon zu einer erschöpfenden Darlegung der Begriffsmerkmale der Einwilligung im Sinne des Strafrechts gelangt zu sein. Bevor ich aber zum weiteren Ausbau dieses Begriffes schreite, muß ich darauf bedacht sein, ihm eine breitere Grundlage zu verschaffen. Die herrschende Lehre hat der Einwilligung nur einen äußerst beschränkten Raum für ihre Wirksamkeit angewiesen, auf dessen größtem Theile überdies, wie ich gezeigt habe, nur eine scheinbare Wirksamkeit möglich ist. Gerade von dem Gebiete, auf welchen sie ihr Wesen am besten entfalten kann, ist sie verdrängt worden. Da ich nun der Ansicht bin, daß dies mit Unrecht geschehen sei, so werde ich zunächst die Wiedereroberung dieses Gebietes unternehmen. An dem dann zu Gebote stehenden reicheren Materiale wird sich besser, als es jetzt geschehn könnte, nachweisen lassen, was im Einzelnen zu einer wirksamen Einwilligung gehöre, was nicht. Als Basis für die Erörterung der Frage nach dem Wirkungsgebiete der Einwilligung wird sich schon die bisher gewonnene, wenn auch vorwiegend negative Begriffsbestimmung genügend zeigen.

---

§ 3.

Wirkungsgrund der Einwilligung.

Um zu erfahren, in welchen Fällen die Einwilligung wirke, muß man zuvörderst wissen, aus welchem Grunde sie überhaupt zu wirken vermöge. Die nächste Frage also ist: worin liegt der Grund, daß die erklärte Zustimmung des Verletzten zu der verletzenden Handlung, obwohl sie doch an den obwaltenden Rechtsverhältnissen der Betheiligten nichts ändert, zum mindesten in gewissen Fällen die Strafbarkeit der ohne sie strafbaren Handlung ausschließt?

---

[4]) Sehr bezeichnend für den durchaus nicht rechtsgeschäftlichen Charakter der Einwilligung ist eine Stelle des Paulus (L. 63 D. de don. i. v. e. u. 24, 1). Der Ehefrau gehöriges Baumaterial ist mit ihrem Willen in das Haus des Mannes verwendet worden; die Schenkung ist nichtig, d. h. die Einwilligung ist, rein civilistisch betrachtet, absolut wirkungslos; aber die Sachen sind nicht furtiv.

Da ich bei dieser Untersuchung das geltende und nicht ein erträumtes Natur-Recht im Auge habe, so lautet die allein richtige Antwort: weil das Gesetz die gegen den Einwilligenden begangene Handlung nicht strafen will.

Damit wären wir denn auf dem Standpunkte Derer angelangt, welche wie Hepp (Neues Arch. d. Crim.R. XI S. 239) auf die Frage, ob die Einwilligung des Verletzten die Strafbarkeit ausschließe, die Antwort geben: es kommt darauf an, ob die Nichteinwilligung zum Thatbestande des Verbrechens, d. h. zu der gesetzlichen Definition der strafbaren That gehört; wenn dies der Fall ist, dann ja, andernfalls nein.

Was diese Antwort so ungenügend macht, ist in erster Linie nicht das, was Berner (Lehrb. § 83, Anm. 1), Schütze (Lehrb. § 33, Anm. 7) und Hälschner (Syst. I S. 235) übereinstimmend ihr vorwerfen, daß sie es nämlich unerklärt lasse, w a r u m bei gewissen Delicten die Nichteinwilligung zum Thatbestande gehöre. Die Erörterung dieses Warum könnte die Jurisprudenz mit gutem Gewissen der Rechtsphilosophie überlassen, wenn nur erst einmal das Ob feststände. Darin aber liegt der Hauptmangel jener Antwort, daß sie uns hierüber keine sichere und erschöpfende Auskunft giebt.

Ueber die Fälle, in welchen die gesetzliche Definition des Verbrechens klar erkennen läßt, daß die Nichteinwilligung vorausgesetzt werde, wie bei der Nothzucht, Entführung, Hausfriedensbruch 2c., oder umgekehrt, daß die Einwilligung des Verletzten thatsächlich ausgeschlossen sei, wie bei Hochverrath, Landesverrath und allen gemeingefährlichen Verbrechen, ist nie Streit gewesen. Es handelt sich immer nur um die Frage: wie ist da zu erkennen, wo das Gesetz über die Einwilligung schweigt, obwohl diese vorkommen kann? Für solche Fälle giebt der Hinweis auf den gesetzlichen Thatbestand keine Antwort; denn, ob nicht bei diesem die Nichteinwilligung stillschweigend vorausgesetzt werde, das eben ist die Frage.

Nun giebt es einen sehr bequemen Weg, diese Zweifel zu entscheiden. Das Reichsgericht (Entsch. II S. 443) sagt: wo das Gesetz die Einwilligung nicht ausdrücklich erwähnt, kann sie nicht berücksichtigt werden. Und sogar Hälschner, der sich bisher noch nie dem Vorwurfe der Oberflächlichkeit ausgesetzt hatte, stimmt dem jetzt bei (Ger.S. Bd. XXXV S. 179): „das Gesetz erklärt die Körperverletzung für strafbar, ohne eine Ausnahme für den Fall zu machen, daß sie vorsätzlich einem Einwilligenden zugefügt wurde, und wie der Richter dazu kommen könnte, da, wo das Gesetz schweigt, seinerseits eine Ausnahme zu machen, ist nicht einzusehn".

Ich denke indessen viel zu hoch von Hälschner's wissenschaftlichen Verdiensten, um zu glauben, daß er im Ernste den alten Interpretations-Grundsatz aller wahren Juristen, „non verba, sed vim", so aus den Augen setzen könnte. Es wird eben nur ein im Eifer der Polemik untergelaufener lapsus calami sein. Hälschner selbst ist früher bei der Auslegung des Gesetzes ganz anders verfahren, sonst hätte er auch die gegen den Einwilligenden begangene Verleumdung oder Freiheitsberaubung, die ärztlichen Operationen, die Züchtigung des Kindes durch den Vater, die Tödtung des Verurtheilten durch den Scharfrichter und hundert andere Dinge für strafbar erklären müssen, weil auf sie der dürre Wortlaut des Gesetzes zutrifft.

Man könnte geneigt sein, darauf Gewicht zu legen, ob das Gesetz die „Rechtswidrigkeit" der Handlung als Voraussetzung der Strafbarkeit betone. Wo Ersteres der Fall, wie bei der Sachbeschädigung, schließe die Einwilligung des Verletzten die Strafbarkeit aus, im anderen Falle, wie bei der Körperverletzung, nicht.

Nun hat aber schon das Reichsgericht (Entsch. II S. 377), und zwar meines Erachtens mit vollem Rechte, bei der Urkundenfälschung dahin entschieden, daß die zum Merkmale gemachte „rechtswidrige Absicht" nichts weiter bedeute als den ohnehin selbstverständlichen strafrechtlichen dolus. Es ist wirklich das „rechtswidrig" in vielen Fällen nur ein epitheton ornans, welches der Gesetzgeber ohne ersichtlichen Grund bald hinzugesetzt, bald weggelassen hat. So sind denn auch, mit alleiniger Ausnahme, soweit ich sehe, von Rubo (Comment. zu §§ 211, 223) alle Systematiker, Commentatoren und Praktiker darüber einig, daß es in den §§ 211 und 223 St.G.B. zu subintelligiren, oder doch daß der Sinn dieser Paragraphen der nämliche sei, wie wenn es dort stände. Aber trotz dieses Einverständnisses herrscht die größte Meinungsverschiedenheit darüber, ob diese Bestimmungen im Falle der Verletzung des Einwilligenden anzuwenden seien. Man streitet eben, ob die That ohngeachtet der Einwilligung rechtswidrig bleibe oder nicht. Die Aufnahme dieses Beiwortes in den gesetzlichen Thatbestand beweist also ebensowenig etwas für, wie sein Weglassen etwas gegen die strafausschließende Kraft der Einwilligung.

Man wird, um weiter zu kommen, nothgedrungen vom bloßen

Wortlaute des Gesetzes sich losmachen und nach dessen stillschweigend erklärtem Willen, wie man zu sagen pflegt, forschen müssen. Dies hat man nun bisher ganz allgemein in der Weise gethan, daß man über die Beschaffenheit der gegen den Einwilligenden verübten Handlung in moralischer und rechtlicher Beziehung Reflexionen anstellte, um aus dem gewonnenen Resultate einen Schluß auf den vermuthlichen Willen des Gesetzgebers zu ziehen. [1]) Man sah dabei als feststehend an, daß der Gesetzgeber das nach diesen Gesichtspunkten „Strafwürdige", und nur dieses, unter Strafe gestellt haben werde.

Und doch genügt ein Blick in unsere Gesetze, um sich zu überzeugen, daß diese Methode zu einem irgend sicheren Resultate für die Erkenntniß des g e l t e n d e n Rechts nicht führen kann. So ist beispielsweise der Contractbruch allemal unmoralisch und rechtsverletzend, aber nur in einigen Ausnahmefällen unter Strafe gestellt. Von dem furtum usus gilt dasselbe. Umgekehrt ist die überwiegende Mehrzahl der sogenannten Polizeiübertretungen weder unmoralisch noch rechtsverletzend, aber mit Strafe bedroht. Es folgt hieraus, daß das Verhältniß einer Handlung zu Sittlichkeit und Recht für ihre Strafbarkeit oder Straflosigkeit nach positivem Gesetze nichts beweist. Alle Erörterungen über den Einfluß, welchen in diesen Beziehungen die Einwilligung auf den Charakter der Handlung habe, können höchstens als ein Räsonnement de lege ferenda in Betracht kommen.

Man muß, um bei der Interpretation des positiven Strafrechts nicht irre zu gehen, sich gänzlich freimachen von der Grundanschauung der herrschenden Doctrin, daß die Strafbarkeit eine gewissen Handlungen innewohnende, vom Gesetzgeber nur zu declarirende, im Zweifel daher als declarirt zu betrachtende Eigenschaft sei. Es gehört diese Anschauung zum Wesen der absoluten Straftheorien, welche die Strafe „mit logischer", oder einer ähnlichen, jedenfalls unfehlbar wirkenden „Nothwendigkeit" aus dem Verbrechen hervorgehn lassen. Es wäre das recht bequem für den Gesetzgeber; er brauchte sich weder Scrupel noch Kopfzerbrechen zu machen, brauchte nicht Gründe und Gegengründe der verschiedensten Art gegen einander abzuwägen, um

---

[1]) Innerhalb der mir bekannten Litteratur hat nur Schaper (Holtzend. Hdb. II S. 127 ff.) einen anderen, und zwar dem meinigen ähnlichen Weg eingeschlagen. Er hat ihn aber auch nur e i n g e s c h l a g e n. Seinen Gründen fehlt es an Präcision, und gegen seine Resultate werde ich durchweg zu polemisiren haben.

zu dem Entschlusse zu gelangen, ob eine bestimmte Handlung mit Strafe zu bedrohen sei oder nicht. Einen logischen Schluß zu ziehn bei gegebenen Prämissen, das ist keine schwere Aufgabe. Die Handlung hat er vor Augen, die Rechtswissenschaft servirt ihm den Begriff des Verbrechens, und da springt das Strafgesetz mit Nothwendigkeit ganz von selbst hervor; ein Fehlgreifen ist gar nicht möglich. Ja, wenn die Rechtswissenschaft das fertig gebracht hätte! Aber da steckt der Fehler: alle möglichen Versuche hat man gemacht, um einen bestimmten Begriff des Verbrechens im Sinne des an sich strafbaren Unrechts, insbesondere eine feste Grenze desselben gegen das straflose Civilunrecht zu gewinnen; aber alle sind sie fehlgeschlagen. Den Beweis hierfür hat Binding (Normen I § 26 ff.) meines Erachtens unwiderleglich geliefert.[2]) Ich will seine vortrefflichen Ausführungen hier nicht wiederholen, sondern nur das Resultat hersetzen: es giebt keinen a priori festzustellenden Unterschied zwischen strafbarem und straflosem Unrecht; lediglich von dem durch die mannigfachsten Gründe bestimmbaren Ermessen des Gesetzgebers hängt es ab, ob er ein Unrecht mit Strafe bedrohen und dadurch zum „Verbrechen" machen will oder nicht.[3])

So Binding. Hält man sich ferner gegenwärtig, daß der Gesetzgeber seine Strafdrohungen auch nicht einmal auf das Unrecht beschränkt, vielmehr zahlreiche Handlungen nur aus moralischen Rücksichten, andere sogar, obwohl sie moralisch und rechtlich ganz indifferent sind, nur wegen einer in abstracto möglichen Gefährlichkeit unter Strafe gestellt, wieder andere, die unrecht und unmoralisch sind, straflos gelassen hat; so wird man es aufgeben müssen, aus philosophischen Betrachtungen über den moralischen und rechtlichen Charakter der Verletzung des Einwilligenden eine Antwort auf die Frage zu gewinnen, ob sie in den Fällen, in welchen das Gesetz sich nicht klar ausspricht, mit Strafe bedroht sei oder nicht.

Ich sehe hier nur einen Weg zum Ziele. Es ist derjenige, an welchen eine gesunde, auf praktisch brauchbare Resultate gerichtete

---

[2]) Gegen einen späteren Versuch Hälschner's, seine Theorie zu retten (Ger.-S. XXVIII S. 401) vergl. Thon „Rechtsnorm u. subj. Recht" Abschn. I Anm. 67.

[3]) Was Thon (a. a. O. S. 23, 24) hiergegen bemerkt, scheint mir nicht zuzutreffen. Seine Ausführungen beweisen nur, daß es einen vom Gesetze unabhängigen Unterschied zwischen Recht und Unrecht, aber nicht, daß es einen solchen zwischen Unrecht und Unrecht gebe.

Auslegungskunst stets in erster Linie denken sollte: man muß den Zweck zu erkennen suchen, welchem die fragliche Strafbestimmung dient. Je nachdem dieser Zweck die Bestrafung auch der gegen den Einwilligenden verübten That erfordert oder nicht, wird das Eine oder das Andere als Wille des Gesetzes anzunehmen sein.

Voraussetzung hierfür ist allerdings, daß wie alle anderen vernünftigen, aus der Ueberlegung hervorgegangenen menschlichen Willensacte, so auch der Erlaß eines Strafgesetzes einen bestimmten rationellen Zweck verfolge. Und, so unglaublich das klingt, es hat Leute gegeben, und giebt deren vielleicht noch, die das bestreiten.

---

§ 4.

Excurs über den Strafzweck.

An diesem Punkte meiner Untersuchung fühle ich mich in eine sehr mißliche Lage versetzt. Man kann den Zweck einer einzelnen Gesetzesbestimmung nicht füglich erörtern, so lange nicht festgestellt ist, ob die ganze Gattung von Gesetzen, zu welcher sie gehört, überhaupt einen erkennbaren Zweck habe, und von welcher Art dieser im allgemeinen sei. Damit stehn wir aber vor der Frage nach dem „Zwecke der Strafe", wie man gewöhnlich zu sagen pflegt, besser nach dem Zwecke des Strafgesetzes; denn mit dem Erlasse des Gesetzes beginnt die gesammte auf Strafe gerichtete Thätigkeit des Staates, das Andere ist nur Consequenz [1]); und diese Frage ist bei den Juristen in Folge der seit mehr als einem halben Jahrhundert ihr angethanen

---

[1]) Ich sehe hier von dem Falle ab, daß eine Strafsatzung durch Gewohnheitsrecht entsteht. Die Frage ist dann übrigens im wesentlichen die gleiche: welches Motiv bewegt den im Gewohnheitsrecht ausgesprochenen Willen zur Androhung der Strafe? Ob Heinze (Holtzend. Hdb. I S. 267) behaupten will, ein Gewohnheits-Strafrecht könne sich überhaupt nicht unter Einwirkung einer Zweckvorstellung bilden, ist nicht klar. Vielleicht will er nur die Möglichkeit des Abschreckungszweckes verneinen. Auch davon aber würde nur so viel richtig sein, daß das Gewohnheitsrecht im ersten Stadium der Entstehung ihn nur in Form der Abschreckung durch Strafvollstreckung verfolgen kann. Es ist dies nichts Auffälliges; ein entstehendes Gewohnheitsrecht ist eben kein fertiges Recht. Das entstandene vermag ebensowohl durch Drohung abzuschrecken wie das Gesetz.

Behandlung in begründeten Mißcredit gerathen. Wer es irgend vermag, geht ihr bei strafrechtlichen Erörterungen aus dem Wege; denn sie ist mit einem solchen Wust philosophischer und unphilosophischer Productionen überschüttet worden, daß die Arbeit, sie nur erst einmal von diesen Ablagerungen zu reinigen, für sich allein ein ganzes Buch erfordern würde.

Diese Verdunkelung des strafrechtlichen Fundaments erscheint als kein geringer Uebelstand, wenn man erwägt, wie wichtig für das Erkennen des Sinnes eines Gesetzes das Erkennen seines Zweckes ist, — behandelt man doch die Ausdrücke Sinn und Zweck fast als Synonyma —, und wie vortreffliche und sichere Resultate die Wissenschaft des Civilrechts Tag für Tag nach dieser Methode erzielt. Aber für den Civilisten sind auch noch nicht Dutzende von Bänden über den Zweck des Gesetzes im Allgemeinen, oder gar darüber, ob es überhaupt irgend einen Zweck habe und haben dürfe, zusammengeschrieben worden. Wollte ich an die Spitze einer civilistischen Abhandlung den Satz stellen: Zweck des Gesetzes im Allgemeinen ist der Schutz menschlicher Interessen gegen die Beeinträchtigung durch menschliche Handlungen (Thaten oder Unterlassungen); so würde ich, wenigstens gegen den Inhalt dieses Satzes, kaum einen Widerspruch zu befürchten haben. Wenn ich aber jetzt für das Strafgesetz mit der durch den engeren Begriff gebotenen Einschränkung den nämlichen Satz dahin formulire: Zweck des Strafgesetzes ist der Schutz menschlicher Interessen mittels Verhütung ihrer Beeinträchtigung durch menschliche Handlungen; so muß ich mich auf Widerspruch von allen Seiten gefaßt machen. „Dahinter steckt die psychologische Zwangstheorie", wird man mir zurufen, „ein von der modernen Wissenschaft längst überwundener Standpunkt". Und freilich kann ich nicht leugnen, daß ich im Wesentlichen auf dem Standpunkte der altmodischen, durch jenen barbarischen Namen verunzierten Theorie stehe, wenn ich auch nicht alle Consequenzen vertreten will, welche manche ihrer Anhänger oder Gegner geglaubt haben ihr aufnöthigen zu müssen.

Ich kann aber unmöglich in dieser kleinen Abhandlung, die nur darauf ausgeht, ein paar meines Wissens neue und meines Erachtens zutreffende Gesichtspunkte für die Entscheidung einer strafrechtlichen Controverse darzulegen, die Herkulesarbeit der Freimachung des Bodens für die Begründung der erwähnten Theorie unternehmen. Ich muß also davon abstehen, den oben formulirten Satz, den ich für den Fortgang dieser Erörterungen nicht entbehren kann, unanfechtbar zu beweisen, und mich darauf beschränken, ihn plausibel zu machen wenigstens für die, welche sich nicht schon auf einem diametral entgegengesetzten Standpunkte verschanzt haben.

Tritt man unbefangen an die Sache heran, so scheint auf den ersten Blick die Frage, zu welchem Zwecke der Staat Strafgesetze erlasse und handhabe, nicht so übertrieben schwierig zu sein.[2])

Die historisch erste und seinem Begriffe allein wesentliche Aufgabe des Staates ist der Rechtsschutz, nach außen durch die Kriegsmacht, im Inneren durch die Justiz. Alle die anderen, in der Neuzeit so riesenhaft angewachsenen Aufgaben, denen er sich mit Fug und Recht unterzieht, kann man hinwegdenken, ohne daß darum der Staat aufhörte, Staat zu sein. Aber ein Staat, der die Aufgabe des Rechtsschutzes von sich wiese, würde damit sich selbst aufheben.

Alles Recht im objectiven Sinne läßt sich nun zurückführen auf bestimmte allgemeine Verbote und Gebote, „die Normen" in dem seit Binding's verdienstvollem Werke technisch gewordenen Sinne. Sie verbieten oder gebieten dem Einzelnen ein bestimmtes Verhalten im Interesse der Anderen, sei es im unmittelbaren Interesse dieser Anderen als Individuen, sei es im mittelbaren der Individuen und unmittelbaren einer Gesammtheit derselben. Letzteres kann eine untergeordnete Gesammtheit, eine Corporation sein, oder die Gesammtheit aller Rechtsgenossen, der Staat selbst. So lange die Normen befolgt werden, hat der Staat nichts zu thun. Nur insofern kann er auch bei solcher Sachlage mit dem Rechtsschutze sich zu befassen haben, als es streitig werden kann, ob eine gewisse Norm befolgt sei oder nicht. Er entscheidet dann auf Anrufen diese Frage. Findet er Alles in Ordnung, so hat mit dieser Erklärung seine Thätigkeit ein Ende. Wenn nicht, so schreitet seine Zwangsgewalt zum Schutze des Rechtes ein.

Dies kann in verschiedener Weise geschehn. Dem redlichen Besitzer einer fremden Sache gegenüber wird in der Regel die bloße Aufforderung, sie herauszugeben, wie solche das zu Gunsten des Eigenthümers erlassene Urtheil enthält, genügend sein. Dem hartnäckigen Schuldner wird die geschuldete Sache abgenommen und dem Gläubiger übergeben. In beiden Fällen wird die von der betreffenden

[2]) Man vergleiche zum Nächstfolgenden Thon „Rechtsnorm und subjectives Recht" Abschn. I und Binding „Normen" I Abschn. 3, welche freilich beide in der Hauptsache von mir abweichender Meinung sind.

Norm ursprünglich geforderte Handlung, die Erfüllung der aus der Norm entspringenden Pflicht, wenn auch im zweiten Falle nicht genau in der Form, so doch der Sache nach herbeigeführt. Aber nicht jeder Normwidrigkeit läßt sich mit dem Erfüllungszwange begegnen; so schon dann nicht, wenn die Erfüllung nur einmal zu einer bestimmten Zeit geschehn sollte und konnte, und diese Zeit versäumt worden ist. In diesen und unzähligen anderen Fällen wird der Rechtsschutz durch das Dazwischentreten einer zweiten, subsidiären Norm vermittelt, die dem Uebertreter der ersten den Ersatz des Schadens gebietet. Der Gehorsam gegen diese secundäre Norm wird dann, soweit nöthig, ganz wie der gegen eine primäre entsprechenden Inhalts erzwungen.

Aber Nöthigung zur Erfüllung oder zum Schadensersatze reichen als Mittel des Rechtsschutzes bei weitem nicht aus, nicht einmal in allen den Fällen, in welchen ihre Anwendung überhaupt möglich ist. Gegen den gutgläubigen Besitzer genügt die rei vindicatio, denn er verhehlt seinen Besitz nicht; aber schlimm wäre es mit der Rechtssicherheit bestellt, wenn der Staat auch gegen die Gefahr diebischer Entwendung für den Eigenthümer keine weitere Hülfe wüßte, als den Trost: wenn du mir den Dieb oder Hehler nachweisest, so werde ich ihn nöthigen, dir die Sache zurückzugeben, oder, wenn sie nicht mehr da ist, den Schaden zu bezahlen. Und nun gar bei Normübertretungen, welche wie die Verletzungen von Leib und Leben einen unersetzlichen Schaden bewirken! In solchen Fällen darf der Rechtsschutz nicht der Uebertretung folgen wollen; da würde er nutzlos hinterdreinhinken; er muß ihr zuvorkommen, d. h. er muß sie zu verhüten suchen. Nun kann zwar der Staat nicht zu dem Zwecke die Menschen wie unverträgliches Vieh von einander absperren oder unter beständiger Aufsicht halten; oder genauer, er kann und thut dies durch die Polizei nur in höchst beschränktem Umfange. Wohl aber kann er, da er es mit vernunftbegabten und demgemäß nicht nur für die sinnlichen Eindrücke der Gegenwart, sondern auch für Vorstellungen von der Zukunft empfänglichen Wesen zu thun hat, sie dadurch von Normübertretungen zurückhalten, daß er den gegenwärtigen sinnlichen Anreiz zur Uebertretung durch die Vorstellung eines ihr folgenden künftigen Uebels paralysirt. Mit anderen Worten, er kann, wo die sonstigen Mittel des Rechtsschutzes versagen, diesen präventiv dadurch ausüben, daß er die Normübertretung mit Strafe bedroht.

Diese Strafgesetze sind von den Normen begriffsmäßig so verschieden wie die Drohung vom Gebote. Der Staat spricht darin kein „du sollst strafen" aus, auch nicht zu sich selbst, oder, was das Nämliche sein würde, zu einem seiner Organe. Er hält keinen Monolog; vielmehr ruft er so vernehmlich wie möglich in's Publikum hinaus: ich werde denjenigen strafen, der dieses oder jenes thut. Selbstverständlich muß er, um einer solchen Drohung ihre Wirksamkeit auf die Dauer zu sichern, durch normative Bestimmungen dafür sorgen, daß vorkommenden Falls die Strafe vollstreckt werde.

Es liegt auf der Hand, daß dieses Mittel, den Willen der Menschen zu lenken, auch zu anderen Zwecken als zur Verhütung der Uebertretung von Rechtsnormen angewandt werden kann. Man kann es mit mehr oder weniger Erfolg gebrauchen, um die Menschen zu jedem beliebigen äußeren Verhalten zu nöthigen. Je nach den Umständen werden alle, oder die meisten, oder auch nur einige der Furcht vor der drohenden Strafe nachgeben. Ein Staat, der es für seine Aufgabe hielte, ein äußerlich sittliches und wohlanständiges Verhalten seiner Bürger, oder ein den Grundsätzen der Hygiene entsprechendes, soweit irgend thunlich, zu erzwingen, würde eines colossalen Apparates von Strafsatzungen bedürfen. Ausschließlich auf den Zweck des Rechtsschutzes hat sich schwerlich je ein Staat im Gebrauche der Strafe beschränkt. Zu allen Zeiten können wir das Bemühen wahrnehmen, auch andere wirkliche oder nur eingebildete Interessen, die dann häufig unter sehr vagen Gattungsbegriffen, wie „öffentliche Sittlichkeit" und dergleichen, zusammengefaßt werden, durch dasselbe Mittel zu schützen.

Die Weisheit des Gesetzgebers wird sich aber immer gegenwärtig halten, daß es an und für sich etwas Schauerliches hat, wenn solcher Gestalt der Staat einem seiner Bürger Qualen auferlegt in der ausgesprochenen Absicht, ihn zu quälen. Sie wird daher diese Methode, das Uebel durch das Uebel zu verhüten, nur aus zwingenden Gründen zur Anwendung bringen.

Diese Anwendung wird sich auch in den einzelnen Fällen verschieden gestalten. Jeder Bestrafung steht das Motiv des Mitleids entgegen, welches auch dem Verbrecher gegenüber nie ganz verstummt, und um so stärker sich geltend macht, je geringere moralische Entrüstung die That hervorruft. Aus dem Widerstreite dieses natürlichen Gefühls des Mitleids gegen die zur Strenge antreibenden criminalpolitischen Erwägungen, einem Widerstreite, in welchem bald diese, bald jene Seite das Uebergewicht gewinnt, dürfte sich ganz ungezwungen die Verschiedenheit der gesetzlichen Strafmaße erklären, in der man bisher allgemein ein durchschlagendes Argument gegen die hier vertretene Theorie hat erblicken wollen. Es ist eine Verwechselung der Stellung des Gesetzgebers mit der des Richters, wenn manche Leute meinen, daß Ersterer ebensowenig wie Letzterer dem Mitleide zugänglich sein dürfe. Im Gegentheil, man verlangt das von ihm ganz entschieden, und bezeichnet den Gesetzgeber als grausam, der dem Mitleide zu wenig Gehör giebt.

Je wichtiger indessen das zu schützende Interesse, je unersätzlicher dessen einmal bewirkte Schädigung, je gefährlicher die zu verbietende Handlung [3]); je nöthiger demgemäß wegen Unzulänglichkeit der anderen Mittel der präventive Strafschutz; um so weniger wird das Mitleid eine energische Handhabung dieses Schutzes hemmen dürfen und können. Wenn nun gar alle jene Gründe für ein strenges Gesetz im stärksten Maße zusammentreffen, und gleichzeitig die sittliche Verworfenheit der That, wie das menschliche Empfinden nun einmal beschaffen ist, das Mitleid mit dem Thäter auf ein Minimum herabdrückt, so wird die äußerste Strenge das Resultat sein: daher die Todesstrafe für den Mord. — Demnächst ergeben sich unzählige Abstufungen.

Die Ausübung der Strafgewalt erscheint hiernach als eine **Pflicht**, und zwar eine sehr sauere Pflicht des Staates, übernommen zur Erfüllung seiner Aufgaben, in erster Linie der Aufgabe des Rechtsschutzes. Man sollte es vermeiden, von einem subjectiven Rechte des Staates auf die Strafe, von einem „Strafanspruch" gegen den einzelnen Verbrecher zu reden. Die Versuchung dazu liegt am nächsten bei den Vermögensstrafen; aber auch bei ihnen dürfen die zu Gunsten des Fiskus aus einem Strafurtheile entstehenden privatrechtlichen Folgen nicht in den Strafbegriff hineingezogen werden. Mit dem Begriffe des „Strafanspruchs" verknüpft sich die unrichtige, ja geradezu barbarische Vorstellung, als ob der Staat eine Art von Moloch sei, der Menschenopfer verlange, „zur Sühne des beleidigten Rechts", wie man wohl gesagt hat.

Wohl aber läßt sich die Frage aufwerfen, ob dem Staate überhaupt und im Allgemeinen die Befugniß zustehe, Strafen anzudrohen

[3]) Die gefährlichste Handlung ist diejenige, welche unter den gegebenen Umständen den schädlichen Erfolg herbeiführen **mußte**, d. h. ex post betrachtet, welche es gethan hat.

und zu vollstrecken, d. h. ob er hiermit kein Unrecht thue. In diesem Sinne fragt man nach dem sogenannten Rechtsgrunde der Strafe.

Soweit die Strafe sich als unumgängliches Mittel des Rechtsschutzes darstellt, fällt diese Frage zusammen mit der nach der Befugniß des Staates, zu existiren; denn die Ausübung des Rechtsschutzes gehört, wie erwähnt, zum Wesen des Staates. Besteht ein Staat, so ist er auch zum Rechtsschutze verpflichtet; und wozu man verpflichtet ist, dazu ist man allemal auch berechtigt. Nun disputirt man zwar noch immer über den Ursprung des Staates, sein gegenwärtiges Recht zum Dasein macht ihm aber meines Wissens nur die äußerste Linke der Anarchisten streitig. In welchen Fällen die Strafe unumgängliches Rechtsschutzmittel sei, entscheidet sich nach den thatsächlichen Verhältnissen. Wie weit man den Staat für befugt erachten will, auch zum Schutze anderer als von Hause aus rechtlicher Interessen sich des Strafzwangs zu bedienen, und sie dadurch in gewissem Sinne zu rechtlichen Interessen zu machen, hängt davon ab, ob man ihm die Aufgabe des Schutzes auch dieser Interessen zumißt, und ob wieder zu diesem Schutze das exorbitante Mittel der Strafe nöthig erscheint. Darin mag oft des Guten zuviel geschehn sein und noch geschehn. — Ein Mehreres läßt sich im Allgemeinen über den Rechtsgrund der Strafe nicht sagen.

Das wären so etwa die Vorstellungen von dem Fundamente des Strafrechts, wie sie seit alter Zeit in vielen und nicht immer in den gedankenärmsten Köpfen, von Platon bis auf Schopenhauer, von Seneca bis auf Feuerbach, geherrscht haben. Ich könnte mir einbilden, durch ihre Darlegung bewiesen zu haben, was ich beweisen wollte, nämlich daß der Zweck des Strafgesetzes der Schutz menschlicher Interessen mittels Verhütung ihrer Beeinträchtigung durch menschliche Handlungen sei; wenn ich nicht leider wüßte, wie es die moderne Wissenschaft in dieser Frage „so herrlich weit gebracht". Nicht weniger als fünfzehn verschiedene Strafrechtstheorien stellt Berner in seinem Lehrbuche zusammen, und bespricht sie gewissenhaft, um schließlich — die sechzehnte, seine eigene, zu begründen, welche „eine Vereinigung des Wesenhaften all' jener Theorien enthält, und der man dennoch den Vorwurf des Eclecticismus nicht wird machen können".

Und was sind das zum Theil für Theorien! Da ist z. B. eine ganze unter dem Namen der „absoluten" Theorien hochangesehene

Gruppe, welche auf die Frage nach dem Zwecke und Rechtsgrunde der Strafe in allerlei Variationen die erhaben klingende Antwort giebt: die Strafe hat ihren Zweck und Grund in sich selbst. Gegen den Standpunkt ist schwer etwas zu machen. „So lehrt man ungestört; wer will sich mit" der Widerlegung solcher Theorien „befassen"?

Ich will es auch nicht; indessen nöthigt mich diese Sachlage noch zu ein paar Bemerkungen im Interesse der von mir befolgten Lehre.

Zunächst scheint mir ein Hauptfehler der meisten Strafrechtstheorien in der Vermischung der Frage nach dem Zwecke mit der nach dem Rechtsgrunde des Strafgesetzes und in dem Hereinziehn der letzteren Frage in das Gebiet der positiven Jurisprudenz zu liegen. In dieses Gebiet gehört sie nicht. Den Juristen, dem es um eine tiefere Erkenntniß des positiven Rechts zu thun ist, interessirt zwar aufs höchste die Frage: was hat der Gesetzgeber mit diesem Gesetze, oder mit dieser Kategorie von Gesetzen am letzten Ende bezweckt? Die Frage dagegen, ob der Gesetzgeber ein solches Gesetz zu solchem Zwecke nach den Satzungen des philosophischen Naturrechts erlassen d u r f t e, läßt ihn ganz kalt. Die Rechtsphilosophen und philosophischen Juristen, denen wir den Blüthenstrauß der Strafrechtstheorien verdanken, übergehn aber jene erste Frage regelmäßiger Weise ganz, oder behandeln sie doch als Nebensache, die sie weder gründlich erörtern, noch bei der Untersuchung des positivrechtlichen Details irgend berücksichtigen. Sie construiren die gesetzgeberischen Gedanken a priori nach dem, was ihrer Meinung nach allein der Gesetzgeber denken durfte. Das muß er denn auch bei seinen Gesetzen sich gedacht haben, er mag wollen oder nicht. Nun würde aber auch der allerbündigste Beweis für die Richtigkeit einer philosophischen Ansicht noch nichts darüber ergeben, ob der Gesetzgeber diese oder eine ganz andere befolgt habe; und das ist es ausschließlich und ganz allein, worauf es für das richtige Verständniß des Gesetzes ankommt. Man muß also zu ermitteln suchen, welcher Gesichtspunkt in Wirklichkeit bei dem Erlasse von Strafgesetzen den Ausschlag giebt.

Die günstigste Gelegenheit für solche Beobachtungen scheint auf den ersten Blick bei dem Erlasse eines allgemeinen, das Strafrecht in thunlichst weitem Umfange und auch dessen Grundprincipien systematisch feststellenden Strafgesetzbuchs geboten zu sein. Diese Annahme erweist sich jedoch bei näherer Ueberlegung als irrig.

Wenn man vom Gesetzgeber und den Zwecken, welche er verfolge, spricht, so ist damit selbstverständlich nie eine einzelne Person, und wäre sie die einflußreichste, und auch nicht eine Mehrheit solcher Personen gemeint. Man hat dabei vielmehr immer nur den einen idealen Rechtsquell im Auge, welchem nicht nur das gerade in Frage kommende, sondern alle Gesetze, ja im letzten Grunde auch alle Normen des Gewohnheitsrechts, d. h. das ganze objective Recht, wenn auch auf verschiedenen Wegen, entflossen ist, und in beständiger Umbildung weiter entfließt. Diese einheitliche Rechtsquelle ist nicht blos eine theoretische Hypostase; sie hat eine eminent praktische, thatsächlich auch allgemein anerkannte Bedeutung. Diese besteht darin, daß kein Gesetz aus sich selbst und seinen „Motiven" heraus erschöpfend interpretirt werden kann; weil es eben nur ein Bestandtheil des gesammten, einheitlichen Rechtssystems ist, unter dessen Einflusse es sich beugen muß, wie es andererseits durch sein Entstehn auf dieses System zurückgewirkt hat.

Nun will ich nicht behaupten, daß aus den Meinungsäußerungen der an der Arbeit der Gesetzgebung in erster Reihe betheiligten Männer nicht werthvolle Fingerzeige für das Verständniß der Gedanken jenes idealen Gesetzgebers zu entnehmen sein könnten. Aber gerade bei einem großen systematisirenden Gesetzgebungsacte wird dies, zumal bezüglich einer solchen Principienfrage, wie sie hier uns beschäftigt, im allergeringsten Maße der Fall sein. Zu einer Zeit, da nicht weniger als mindestens sechzehn Strafrechtstheorien in den Köpfen der Juristen ihr Wesen treiben, kann es gar nicht fehlen, daß in Veranlassung eines solchen Gesetzes bald diese, bald jene, womöglich alle sechzehn in Regierungsmotiven, Parlamentsverhandlungen, Kommissionsberichten 2c. einen Ausdruck finden. Und wenn dies auch mit der einen mehr, mit der anderen weniger geschehen sein sollte, so haben wir es doch immer nur mit subjectiven Ansichten zu thun, die durch das Aussprechen bei solcher Gelegenheit keine höhere Bedeutung gewinnen, als wenn sie in ihren Lehrbüchern daheim geblieben wären. Ja, selbst wenn irgend eine einzelne Bestimmung des Strafgesetzbuchs auf eine Concession an diese oder jene Theorie hinweist, so ist daraus auf die principielle Stellung des Gesetzgebers zum allgemeinen Strafzwecke noch kein Schluß zu ziehn. Man benutzt gesetzlicher Bestimmung gemäß den Aufenthalt der Verbrecher in den Strafanstalten, um sie für den Fiscus arbeiten zu lassen; damit ist dieses fiscalische Interesse noch nicht einmal für einen

Nebenzweck der Strafe erklärt. So kann man auch ihren Aufenthalt in den Anstalten zu einem Versuche, bessernd auf sie einzuwirken, benützen; es kann dieser Versuch auch durch eine gesetzliche Bestimmung, wie die Gewährung der Prämie vorläufiger Entlassung, unterstützt werden; ohne daß man deßwegen behaupten könnte, das Gesetz habe die Besserung zum anerkannten Strafzwecke, oder auch nur zu einem Nebenzwecke der Strafe erhoben.

Nein, wenn man die eigentliche, principielle Tendenz des Gesetzgebers beim Erlasse seiner Strafsatzungen erkennen will, so wird man darauf zu achten haben, welcher Gesichtspunkt den Ausschlag giebt, wenn es sich darum handelt, irgend eine bisher straflose Handlung durch ein neues Gesetz unter Strafe zu stellen, oder die vordem angedrohte zu verschärfen. Man denke beispielsweise an das Gesetz, betreffend den Verkehr mit Nahrungsmitteln. Ist es damals irgend jemandem eingefallen, die Nothwendigkeit der neuen Strafbestimmungen damit zu begründen, daß jetzt die Handlung auch des Nahrungsfälschers als eine „in sich nichtige" erkannt worden sei, deren Nichtigkeit kraft logischer Consequenz durch die Strafe „offenbar gemacht" werden müsse?[4]) Oder, daß jene Handlung „die Rechtsordnung aufhebe", welche daher der „Wiederherstellung" durch nachfolgende Strafe bedürfe? — Danach wäre sie also bis zum Inkrafttreten des Gesetzes, da die neu verpönten Handlungen schon unendlich oft vorgekommen waren, aufgehoben gewesen. — Oder damit, daß man nun auch die Verfälscher der Nahrungsmittel als unmoralische Menschen erkannt habe, deren zeitweilige Unterbringung in eine strafende Erziehungs- oder erziehende Strafanstalt geboten erscheine? Würde sich nicht jeder, der solche und ähnliche Gründe hätte vorbringen wollen, geradezu lächerlich gemacht haben; und ist nicht vielmehr der einzig maßgebende Grund für den Erlaß jener Bestimmungen der gewesen, daß man sagte: der Vertrieb gesundheitsschädlicher, verfälschter Waaren nimmt überhand; die bisherigen Gesetze reichen nicht aus, um das Publikum gegen die hieraus entstehenden Gefahren zu schützen; es sind energische Maßregeln gegen diese Neigung gewisser Geschäftskreise, auf Kosten von Leben und Gesundheit ihrer Mitmenschen sich zu bereichern, von Nöthen; wir

[4]) Als getreuer Schüler Hegels behauptet Hälschner (Syst. I § 57), das Wesen des Verbrechens sei „ein unwesentliches, schattenhaftes Dasein". Ob er wohl bei dieser Meinung bleiben würde, wenn ein solcher Schatten ihm einmal zu nahe käme?

wollen deßhalb dergleichen Handlungen mit empfindlicher Strafe bedrohen, damit sie wieder zur Seltenheit werden?

So und nur so hat man in der That argumentirt (cf. die Motive des Gesetzes, Drucks. d. Reichst. 1878, Actenst. 98, Bd. 3, S. 767, 768).

Und wenn dann etwa Bedenken gegen die Härte der in Aussicht genommenen Strafen laut geworden sind, so hat man ihnen mit Recht entgegengehalten: es handelt sich um Abwendung einer Gemeingefahr der schlimmsten Art, und die Niederträchtigkeit der Gesinnung, die in jenem Treiben zu Tage tritt, überhebt uns des Mitleids mit den Thätern. Das sind die Gesichtspunkte, die in Wahrheit den Gesetzgeber bei Feststellung der Strafen leiten, und nicht das vergebliche Bestreben, ein Gleichgewicht zwischen Thun und Leiden nach einem ganz imaginären Maßstabe vergeltender Gerechtigkeit herzustellen. Die Ausgleichung vollzieht sich in anderer Weise und durch andere Mächte. Die plumpen Mittel der Strafjustiz sind dazu so geeignet wie Holzaxt und Säge zur Aptirung eines Uhrwerks.

Recht handgreiflich trat der Zweck jeder Strafe zu Tage, als man im Jahre 1874 damit umging, den Bruch des Arbeitscontractes unter Strafe zu stellen. Man wollte denselben hierdurch verhüten, und zwar weßhalb? Weil man glaubte, daß in den veränderten modernen Verhältnissen der Zwang zur Erfüllung oder zum Schadensersatze sich als ein unzureichender Rechtsschutz erwiesen habe. Unmoralisch und rechtsverletzend war der Contractbruch schon gewesen, so lange es Contracte gegeben hatte; aber nicht diese Gesichtspunkte, sondern allein das stärkere oder geringere Bedürfniß der Verhütung giebt den Ausschlag, wenn es sich darum handelt, die Strafgewalt des Staates in Bewegung zu setzen. „Die Abhülfe der erwähnten Mißstände," heißt es in den Motiven zum § 153a des Gesetzentwurfs, betr. Abänderung einiger Bestimmungen der Gewerbeordnung, (Drucks. d. Reichst. 1874, Aktenst. 21) „kann nicht darauf beschränkt werden, daß den Arbeitgebern eine die Realisirung ihrer privatrechtlichen Ansprüche sichernde Rechtshülfe gewährt wird." In dem bezüglichen Berichte der Reichstagscommission (ebendort Actenst. 90) wird von den Anhängern der Regierungsvorlage ausdrücklich betont, es sei die Frage nicht nach „allgemeinen Rechtstheorien", sondern nur „nach dem Gesichtspunkte des vorhandenen Bedürfnisses" zu entscheiden. Es hatten sich übrigens auch die Gegner nicht sowohl auf allgemeine Rechtstheorien berufen, als vielmehr die Nothwendigkeit und politische Zweckmäßigkeit der neuen Strafbestimmung bestritten; womit sie bekanntlich durchgedrungen sind.

Diese Beispiele lassen sich leicht beliebig vermehren. Ist doch mit dem Zwecke der „Repression“, der in parlamentarischen Verhandlungen über Strafgesetzentwürfe regelmäßig hervorgehoben und, terminologisch wenig passend, von der polizeilichen „Prävention“ unterschieden wird, nichts Anderes als die Abschreckung gemeint. Man will durch ein neues Gesetz gefährliche Neigungen zurückdrängen oder niederhalten, d. h. man will von ihrer Verwirklichung abschrecken. Diesen guten und klaren deutschen Ausdruck gebraucht man aber nicht mehr gerne, seit es dem nahezu einstimmigen Chorus der Professoren des Criminalrechts gelungen ist, ihn als das Kennzeichen eines überwundenen Standpunkts der Rohheit zu verschreien.

Es mag an dieser Stelle darauf hingewiesen werden, daß die gesetzgeberische Aufgabe der Fixirung der Strafsätze gegenwärtig zu einem wesentlichen Theile nicht durch die gewöhnlich so genannten gesetzgebenden Factoren, sondern durch die Gerichte erfüllt wird. Ich meine nicht die Fixirung für den einzelnen Fall, sondern die Fixirung als Regel. Es ist das die Folge des weiten Spielraums, welchen das Gesetz durch die nur relativ bestimmten Strafdrohungen dem richterlichen Ermessen gegeben hat. Wer als junger Beamter sich vor die Aufgabe gestellt gesehn hat, innerhalb dieser weiten Grenzen die richtige Strafe für den einzelnen Fall zu finden, wird wissen, wie so gänzlich hülflos man sich fühlt, wenn man sich bemüht, lediglich von dem „innewohnenden Gerechtigkeitsgefühle“ Auskunft zu erlangen, ob beispielsweise dieser Dieb einen Monat, oder zwei, oder drei Monate, oder noch mehr Gefängniß verwirkt habe. Dies Bemühen, die Schädlichkeit und Immoralität einer Handlung ziffernmäßig in Tage der Einsperrung umzurechnen, giebt man denn auch sehr bald auf. Bei jedem Gerichte haben sich längst innerhalb des weiten gesetzlichen Rahmens enger begrenzte Strafsätze für die gewöhnlichen, die leichteren und die schwereren Fälle der einzelnen Verbrechensgattungen herausgebildet. Es sind das förmliche Gewohnheitsrechte, begreiflicherweise in den verschiedenen Sprengeln sehr verschiedenen Inhalts und beständiger Umbildung fähig. Und die Motive, welche die Bildung und Umbildung dieser Satzungen bestimmen, sind ganz die nämlichen, die ich als maßgebend für die eigentliche gesetzgeberische Thätigkeit nachzuweisen versucht habe.

So ist beispielsweise die Zunahme gewisser Delicte in einer bestimmten Gegend ein anerkannter Grund, die Strafmaße durchschnittlich zu erhöhen. Vom Standpunkte der Gerechtigkeitstheorie müßte man umgekehrt zu einer Herabsetzung gelangen; denn je mehr die That sich als Ausfluß einer allgemeinen Corruption, als die Wirkung des bösen Beispiels, darstellt, um so geringer ist das sittliche Verschulden des einzelnen Thäters. Man straft ihn aber unbedenklich strenger in der ausgesprochenen Absicht, gegen die hervorgetretene allgemeine verbrecherische Neigung durch Abschreckung zu wirken. Für das zu diesem Zwecke nöthige Bekanntwerden des erhöhten Strafsatzes ist in dem engeren Kreise durch die Publikation und Vollstreckung der Urtheile bald genug gesorgt. Noch sachdienlicher freilich würde eine ausdrückliche vorgängige Proclamation sich erweisen.[5]) In besonders dringlichen Fällen und bei einem allgemeinen Bedürfnisse wird eine solche auch wohl vom Gesetzgeber bewirkt. Die durch Aufnahme des § 223a in das Strafgesetzbuch vorgenommene Gesetzesänderung stellt sich, im Hinblicke auf die gleichzeitige Aenderung des § 228, im Wesentlichen dar als eine öffentlich bekannt gegebene Aufforderung an den Richter, von seinen hinsichtlich des Strafminimums gleichgebliebenen Befugnissen einen weniger nachsichtigen Gebrauch zu machen. Freilich war die alte Art solcher Bekanntmachungen, durch Verlesen von der Kanzel und Anschlagen in den Wirthshäusern, praktischer als unsere jetzige.

Durch das Vorstehende wird die Behauptung Heinze's (Holtzend. Hdb. I S. 267) widerlegt, daß bei relativ bestimmter Strafe die gerichtliche Praxis gezwungen sei, der Abschreckungstheorie den Rücken zu kehren. Gerade umgekehrt: eine einzige Strafkammersitzung, in richterlicher Eigenschaft mitgemacht, genügt für einen leidlich unbefangenen und kritischen Kopf, um zu erkennen, daß die Idee der gerecht abgewogenen Vergeltung durch die Strafjustiz eine der seltsamsten aller Wahnvorstellungen ist, welche je die Welt beherrscht haben. Es ist Einbildung, wenn man meint, man könnte auch nur annähernd herausrechnen, wie viel Tage Gefängniß dazu nöthig seien, „die Schuld zu tilgen".

Nur das landläufige Hauptargument gegen die Abschreckungstheorie will ich noch in Kürze erledigen. Man wirft ihr vor, den

---

[5]) Es zeigt sich hier der oben (Anm. 1) erwähnte, dem Gewohnheits-Strafrechte in seinem ersten Entwickelungsstadium anhaftende Mangel.

Strafzweck in etwas Unmöglichem zu suchen. Die Strafdrohung schrecke nicht ab, wie das tägliche Vorkommen der Verbrechen beweise; und sie könne nicht abschrecken, weil der zur That Schreitende ganz regelmäßig sich der Hoffnung hingebe, unentdeckt zu bleiben.

In einer recht seltsamen Einkleidung erscheint dies Argument in Schwarze's kleiner Streitschrift gegen Mittelstädt über die Freiheitsstrafe. Da soll nämlich nicht sowohl die angedrohte Strafe, als „die Wahrscheinlichkeit der Entdeckung und Habhaftwerdung des Thäters" abschreckend wirken. „Es ist unzweifelhaft, daß in dem Thäter die Furcht vor der Polizei mächtiger wirkt als die Furcht vor dem Strafgerichte." Schwarze thut sich viel zu Gute auf dieses Argument, welches er schon im Reichstage vorgetragen habe. Als ob die Furcht vor der Polizei irgend einen Sinn hätte, wenn nicht die vor dem Strafgerichte dahinter stände. Oder fürchtet der Verbrecher die Polizei aus einem anderen Grunde, als weil sie darauf ausgeht, ihn dem Strafgerichte zu überliefern?

Allein so unablässig auch diese Argumentation gegen die Abschreckungstheorie und insbesondere gegen die Beibehaltung der Todesstrafe wiederholt wird, so wenig kann sie bei nur einigem Nachdenken für überzeugend gehalten werden. Ja, wer sich den Blick für die wirklichen Verhältnisse noch nicht gänzlich durch den blinden Glauben an gewisse Philosophistereien vom „freien Willen" getrübt hat, dem muß die Behauptung, es sei unmöglich, durch Strafandrohungen Verbrechen zu verhüten, „weil der Wille sich nicht zwingen lasse", wie Berner uns versichert, ohne Weiteres als geradezu ungeheuerlich erscheinen.

Was zunächst den thatsächlichen Erfolg betrifft, so könnte man mit dem nämlichen, und vielleicht mit besserem Rechte behaupten, das tägliche Sterben der Patienten beweise, daß der Zweck der ärztlichen Kunst nicht darin bestehe, die Kranken, sondern die Aerzte und ihre Familien am Leben zu erhalten. Anlangend den psychologischen Grund gegen die Möglichkeit der Abschreckung, so ist es zwar ganz richtig, daß der ein Verbrechen Planende in erster Linie fast immer ein glückliches Entrinnen erhofft, aber ebenso gewiß, daß er die Möglichkeit des Gegentheils im Auge behält. Und da macht es natürlich einen gewaltigen Unterschied, ob für diesen Fall gänzliche Straflosigkeit, oder der Aufenthalt in einem modernen Mustergefängnisse mit Luftheizung, Ventilationsvorrichtung, Wasserleitung, Matratzenbett &c., oder aber der Galgen im Hintergrunde steht.

Statt jenes Argument immer wieder und wieder kritiklos zu wiederholen, sollten die Herren sich doch nur einmal die Frage vorlegen, was wohl die Folgen sein würden, wenn heute in Deutschland ein Gesetz dieses Inhalts erginge: vom Ersten nächsten Monats an sind alle Strafbestimmungen für ein halbes Jahr aufgehoben. — Zunächst eine allgemeine Panik. Wer etwas zu verlieren hätte und flüchten könnte, würde flüchten. Dann allgemeiner Mord und Todtschlag. Niemand würde des Besitzes irgend eines Gutes sicher sein, soweit er ihn nicht mit gewaffneter Hand vertheidigen könnte und wollte. Bewaffnete Räuberbanden auf der einen, bewaffnete Genossenschaften zur Vertheidigung auf der anderen Seite, in beständigem Kampfe: das würden die Folgen sein. Ein Gutes aber würde ein solches Gesetz mit sich bringen: es würde den Leuten einmal ad oculos demonstrirt werden, daß Zweck und Rechtsgrund der Strafe nicht in metaphysischen Träumereien zu suchen sind, sondern in höchst concreten Verhältnissen. Denn der himmelweite Unterschied zwischen einem solchen Zustande und dem, in welchem wir jetzt leben, worauf beruht er? Das bloße Wegfallen der Strafdrohungen als alleinige Ursache des Umschlages beweist es klar: er beruht auf der abschreckenden Kraft des Strafgesetzes und auf nichts Anderem.

In der That vermag auch nur das Erreichen eines solchen realen, für das Bestehn der menschlichen Gemeinschaft schlechthin unentbehrlichen Endzwecks den furchtbaren Apparat der Strafjustiz zu rechtfertigen, dessen u n m i t t e l b a r e Wirkung nur darin besteht, die reichliche Zahl der natürlichen menschlichen Leiden noch durch eine ansehnliche Summe künstlich geschaffener zu vermehren. Diesen Apparat in Bewegung zu setzen, um dem Bedürfnisse der Einzelnen nach Vergeltung, zu deutsch ihrer Rachsucht, von Staatswegen zu genügen, würde unsittlich und mit dem Amte einer christlichen Obrigkeit ganz unvereinbar sein. Nun aber gar mit den kleinen menschlichen Kräften dem Walten einer höheren, vergeltenden Gerechtigkeit nachhelfen und es da ersetzen zu wollen, wo es auf Erden auszubleiben scheint, ist kindische Vermessenheit.

Wenn ich mich jetzt anschicke, zu meinem eigentlichen Thema zurückzukehren, so könnten mich fast Zweifel beschleichen, ob es denn wirklich nöthig gewesen sei, den an die Spitze dieses Excurses in die allgemeine Straftheorie gestellten Satz für den Zweck dieser einzelnen Untersuchung so scharf zu formuliren und durch ein Zurückgehn auf die ersten Principien des Strafrechts zu begründen. Ich würde vielleicht manchem Angriffe aus dem Wege gegangen sein, wenn ich ihn überhaupt nicht ausdrücklich hingestellt, sondern bei den weiteren Deductionen stillschweigend als anerkannt vorausgesetzt hätte. Ich bemerke nämlich, daß so vielfach von einem den subjectiven Rechten gewährten Straf-Schutze gesprochen wird, ohne daß man es nöthig fände, sich darüber auszulassen, worin denn eigentlich dieser Schutz der Individualrechte durch die Strafe bestehn solle. Man fühlt es, daß sie schützend wirke, und hält es nicht für erforderlich, sich klar zu machen, ob und wie sie das nach der Straftheorie, welcher man huldigt, und die natürlich von der alten, obsoleten Abschreckungstheorie weit entfernt ist, überhaupt könne und solle.

So spricht beispielsweise Schaper (Holtzend. Hdb. II S. 89, 129) vom „Güterschutze" als der Aufgabe des Strafrechts; und doch steht er, soviel aus seinen sehr reservirten Aeußerungen (a. a. O. S. 99 ff.) zu entnehmen ist, auf dem Standpunkte, daß er in der Strafe ein Mittel zur Wiederherstellung der vom Verbrecher aufgehobenen Rechtsordnung durch Unterwerfung des rebellisch gewordenen Einzelwillens unter den Gesammtwillen erblickt. Nun will ich an dieser Stelle mit niemandem, der an solchen und ähnlichen Vorstellungen Geschmack findet, darüber rechten, ob sich dabei überhaupt etwas Klares denken lasse; das aber sollte man doch nicht bestreiten: auf die Frage, wie ein Schutz individueller Rechte oder Güter durch die Strafe möglich sei, geben sie keine Antwort. Die Interessen der Einzelnen werden durch das Verbrechen in furchtbar realer und fühlbarer Weise verletzt; ebenso real wirksam müssen auch die Schutzmaßregeln des Staates sein. Mit einem nachträglichen imaginären Ersatze des der Rechtsordnung an sich zugefügten idealen Schadens ist hier nichts gethan. Spricht man von einem Rechtsschutze zu Gunsten der Einzelnen, so muß man auch angeben, wie er mit wirklichem Nutzen für die Einzelnen bewerkstelligt werde. Geht man hiervon aus, und hält man sich ferner den radicalen Unterschied zwischen Strafe und Schadensersatz gegenwärtig, den man nie hätte verkennen sollen, und den neuerdings noch wieder Binding (Normen I § 28) meisterhaft entwickelt hat: so wird man, glaube ich, zu der von mir vertretenen Ansicht gelangen müssen. Will man sich dagegen auf dem Standpunkte der absoluten Straftheorie, sei es auch mit irgend einer modernen Appretur, erhalten, so muß man es aufgeben, von einem Schutze individueller Interessen durch das Strafrecht zu reden. Alles Andere ist Halbheit und Unklarheit.

Dem entgegen habe ich es für eine Pflicht wissenschaftlicher Bestimmtheit gehalten, keinen Zweifel darüber zu lassen, was ich mir unter dem Begriffe des Strafschutzes, mit welchem ich weiter zu operiren habe, eigentlich vorstelle.

Nicht sowohl den Vorwurf der Unklarheit als den der Inconsequenz scheint mir auch Binding in diesem Punkte zu verdienen. „Alle Normen", sagt er (I S. 204), „wollen präventiv sein." Der Zweck der Norm: ihr sollt nicht tödten, „besteht darin, die Tödtung in möglichst weitem Umfange zu verhüten". Er verwirft, wie schon hervorgehoben, unbedingt die Gleichstellung von Strafe und Schadensersatz und ebenso die Phantasien von der Wiederherstellung der Rechtsordnung selbst oder des normalen Verhältnisses des Verbrechers zum Rechte durch die Strafe. Er erkennt ferner den Verbrechensbegriff als einen rein positiv-rechtlichen an; die Strafbarkeit der Handlung ist ihm nicht die nothwendige Folge ihrer moralischen oder rechtlichen Beschaffenheit. Man sollte meinen, aus solchen Voraussetzungen müßte sich mit unabweislicher Consequenz die Abschreckung als Strafzweck ergeben. Aber weitgefehlt: das schlichte Verbot der Tödtung bezweckt allerdings diese That zu verhindern und weiter nichts; wird aber dieses Verbot durch einen drohenden Zusatz verstärkt, so hat dieser nicht etwa den nämlichen Zweck, sondern einen ganz anderen. „Müssen die Normen immer, so dürfen die Strafen nie den Präventionszweck verfolgen" (I S. 204). Ohne jede Vermittelung tritt uns (I S. 172) plötzlich als Wesen der Strafe die „Rechtsminderung zur Genugthuung" entgegen. Ich muß gestehn, daß ich mir unter dieser Genugthuung, die ganz entschieden kein Schadensersatz, auch nicht ein dem Rechte selbst geleisteter idealer, sein soll, nichts Anderes denken kann als eine Befriedigung der Rachsucht. Das aber wäre meines Dafürhaltens von allen denkbaren Strafzwecken der schlechteste.

---

§ 5.

Der Verletzte und das Interesse.

Mit dem Satze, den ich jetzt als erwiesen präsumire: Zweck des Strafgesetzes ist der Schutz menschlicher Interessen mittels Verhütung ihrer Beeinträchtigung durch menschliche Handlungen, sind wir nun zunächst dahin gelangt, eine präcise Definition des Verletzten geben zu können; was man bisher in dem ganzen Streite ebenso wenig wie eine Definition der Einwilligung für nöthig befunden hat. Durch ein Verbrechen verletzt ist derjenige, dessen Interesse durch die bezügliche Strafbestimmung geschützt werden sollte. Das letzte Wort ist zu betonen: es kommt darauf an, daß der Schutz dieses Interesses der Zweck und nicht etwa bloß eine unbeabsichtigte Folge der Strafbestimmung war. Durch einen Diebstahl wird nicht immer bloß das Interesse des Bestohlenen, sondern vielleicht auch das seiner Gläubiger verletzt, die er jetzt nicht mehr bezahlen kann. Aber an dieses Interesse hat der Gesetzgeber beim Verbote des Diebstahls nicht gedacht. Die Gläubiger sind deßhalb nicht die Verletzten im technischen Sinne; wie denn auch noch niemand darauf verfallen ist, ihrer Einwilligung oder Nichteinwilligung in den Diebstahl Bedeutung beizumessen. Dieses sich gegenwärtig zu halten, ist übrigens wichtiger, als es auf den ersten Blick erscheinen möchte. Es durch die Terminologie stets hervorzuheben, würde pedantisch sein. Ich bitte deßhalb, im Nachfolgenden unter dem geschützten Interesse allemal das bestimmungsmäßig geschützte verstehn zu wollen.

Der Begriff des Verletzten beruht somit auf dem Begriffe des Interesses; und da dieser keineswegs als ein ohne Weiteres klarer angesehn werden kann, ich bei dieser Untersuchung aber gerade darauf ausgehe, den Hauptfehler der Untersuchungen Anderer, das Operiren mit unbestimmten Vorstellungen, zu vermeiden, so wird die nächste Aufgabe die Definition des Interesses sein.

Am geläufigsten ist dem Juristen dieser Begriff in dem speciellen Falle, in welchem er als Gegenstand einer Obligation hervortritt. Es handelt sich dann um das Object der aus der Schädigung eines Vermögensinteresses entstandenen Verpflichtung, und man definirt nach Windscheid (II § 257): „Leistung des Interesses ist Ausgleichung des Nachtheils, welcher in der Vermögenslage einer Person durch irgend eine, positive oder negative, Thatsache eingetreten ist. Es soll dieser Person geleistet werden, wie viel ihr daran liegt, daß nicht geschehn wäre, was geschehen ist, daß geschehen wäre, was nicht geschehn ist."

Es ist klar, daß hiermit eine Definition nicht sowohl des Vermögensinteresses, als seines abschätzbaren Inhalts gegeben ist. Nicht darin, wie viel einer Person daran liegt, sondern in diesem Daranliegen selbst steckt der Begriff des Interesses. Zudem betrachtet die Definition, ihrem nächsten Zwecke gemäß, den Inhalt des Interesses nur ex post, vom Standpunkte der bereits stattgehabten Verletzung aus. Corrigirt man diese beiden Mängel, so erhält man folgende Definition: das Vermögensinteresse einer Person an einer bestimmten Thatsache ist das Verhältniß dieser Person zu dieser Thatsache, kraft dessen ihr Eintreten oder Nichteintreten einen Nachtheil in der Vermögenslage der Person zur Folge hat.

Diese Definition läßt sich ohne Schwierigkeit vom Vermögensinteresse auf jedes andere, und wäre es das idealste, übertragen; wobei immer festzuhalten, daß das Interesse ein doppelt relativer Begriff ist, mithin gleich dem Logarithmus nur durch die Angabe beider Relationen definirt werden kann. Jedes Interesse bedarf nämlich erstens eines Gegenstandes. Diesen Gegenstand nennt man ein Gut, und versteht darunter Alles, was zum leiblichen oder geistigen Wohlsein eines Menschen beizutragen vermag[1]). Es bezieht sich zweitens das Interesse auf ein hinsichtlich dieses Gutes mögliches Ereigniß; man hat strenggenommen ein Interesse stets nur daran, daß etwas Bestimmtes, dieses Gut Betreffendes geschehe oder nicht geschehe. Spricht man von dem Interesse an einem Gute schlechthin, z. B. von dem Interesse eines Menschen an seiner Körperintegrität, so hat man in Wahrheit nicht ein Interesse, sondern einen ganzen Complex von Interessen im Auge. Ich werde mir übrigens diesen bequemen erweiterten Gebrauch des Ausdrucks gelegentlich auch erlauben.

Hiernach ist das Interesse einer Person an einer Thatsache das Verhältniß der Person zu dieser Thatsache, vermöge dessen das Eintreten oder Nichteintreten derselben für ein Gut der Person eine nachtheilige Folge hat[2]).

Aus diesem Begriffe des Interesses ergiebt sich nun des weiteren der für unser Thema hochwichtige Satz: die Einwilligung des Verletzten schließt stets die Strafbarkeit der verletzenden Handlung aus.

---

[1]) Vergl. Ihering, Geist d. Röm. R. III § 60.

[2]) Für unrichtig halte ich die durch Thon (a. a. O. S. 197, Anm. 113) mir bekannt gewordene, von diesem gebilligte Cohnfeldtsche Definition des Interesses als eines Gattungsbegriffes, von welchem das Gut eine Spezies sei. Es ist ebenso logisch wie praktisch nöthig, das Interesse von seinem Gegenstande zu unterscheiden.

Ich sage absichtlich nur der hochwichtige; denn entschieden sind mit diesem Satze die einzelnen Streitfälle bei weitem noch nicht.

Zweck des Strafgesetzes ist ja, gewisse der in der Interessendefinition erwähnten Nachtheile, sofern sie aus menschlichen Handlungen hervorgehn, zu verhüten, d. h. dem Interessenten in dieser Beziehung sein Gut zu sichern. Dabei ist der Begriff des Gutes im allerweitesten Sinne zu nehmen; auch die Aussicht auf ein Gut ist schon ein Gut für sich. Die denkbar größte Sicherheit des Interessenten im Besitze seines Gutes als eines solchen verlangt aber, ja gestattet nicht mehr als die Vorkehrung, daß nichts diesem Gute Gefährliches anders als mit dem Willen des Interessenten geschehe. Wohlgemerkt: es darf keine Gefährdung zugelassen werden ohne seinen ausgesprochenen Willen; ein positives bewußtes Wollen des ungestörten Besitzes ist für den Strafschutz so wenig wie überhaupt für den Rechtsschutz Voraussetzung [3]). Kein Mensch ist sich auch nur annähernd all' seiner Interessen in jedem Augenblicke bewußt; gleichwohl wird er selbst hinsichtlich derjenigen, an welche er Zeit seines Lebens kein einziges Mal denkt, deßhalb des Rechtsschutzes nicht verlustig. Aber ein wider den ausdrücklichen Willen des Interessenten ihm aufgenöthigtes Gut würde sofort aufhören, ein Gut zu sein, und zu einer Last werden. Nicht mehr von einem Rechte des Interessenten hätte man dann zu reden, sondern von einer durch das Gesetz ihm auferlegten Pflicht. Gut ist ein ebenso relativer Begriff wie Interesse; ja beide sind gewissermaßen nur die objective und subjective Seite desselben Begriffs. Ein Gut, welches ich nicht etwa bloß vergessen habe, sondern positiv nicht mehr haben mag, kann deßwegen noch immer Gegenstand anderer Interessen bleiben; Gegenstand meines Interesses ist es nicht mehr. Oder genauer, da man hinsichtlich eines Gutes unzählige Interessen zu haben pflegt, nämlich daran, daß alles dem Gute Diensame geschehe, alles ihm Gefährliche unterbleibe: wenn ich mit bewußtem Willen eine dem Gute gefährliche Handlung gestatte, so beweist dies, daß es insoweit kein Gut mehr für mich ist oder, was dasselbe sagt, daß ich kein Interesse mehr daran habe, daß diese Handlung unterbleibe. Mein früheres Interesse dieses Inhalts hat aufgehört zu existiren, und kann deßhalb hinfort weder verletzt noch geschützt werden.

---

[3]) Vergl. Ihering a. a. O.

Interessenschutz wider den Willen des Interessenten ist ein Widerspruch in sich selbst.

Es tritt hier der tiefere Grund hervor für das, was ich im § 2 an einem Beispiele der Sachbeschädigung zunächst nur empirisch constatirt habe, daß nämlich die strafausschließende Einwilligung auf die Handlung des Andern, und nicht auf ihren Erfolg, gerichtet sei. Es steckt dieser Grund in der regelmäßig übersehenen Doppelbeziehung des Interesses zu seinem Gute und zu irgend einem bestimmten, dieses Gut bezielenden Ereignisse. Ich brauche das Gut nicht schlechthin zu derelinquiren; ja mir kann sogar der mögliche oder wahrscheinliche Erfolg der ihm gefährlichen Handlung des Andern sehr unerwünscht sein: das hindert nicht meine wirksame Einwilligung in diese Handlung. Selbstverständlich werden, wenn ich der Handlung nicht wegen, sondern trotz des voraussichtlichen Erfolges zustimme, hierzu immer besondere, anderweite Motive mich bewogen haben; in dem besprochenen Sachbeschädigungsbeispiele etwa das der Gefälligkeit oder, wenn gewettet war, der Gewinnsucht. Es thut aber die Beschaffenheit des Motivs nichts zur Sache, wenn es nur stark genug ist, das strafrechtlich geschützte Interesse an dem Unterbleiben der Handlung zu überwinden. Diese seine ausreichende Kraft wird durch die Einwilligungserklärung constatirt; und damit ist das Strafgesetz in tantum gegenstandslos geworden.

Hierauf beruht das Einleuchtende, was der Satz „volenti non fit injuria" für den Unbefangenen von jeher gehabt hat. Konnte doch noch ein so kritischer Denker wie Schopenhauer (Grundl. der Moral § 5) ihn ohne Weiteres als „selbstevident" bezeichnen.

Auch die moderne Theorie hat seine Allgemeingültigkeit mehr den Worten als der Sache nach bestritten. Daß das besondere Recht des verzichtenden Individuums trotz seiner Unveräußerlichkeit nicht mehr Gegenstand der Verletzung sein könne, giebt ja auch Berner zu. Der eigentliche, in der Formel von der Unveräußerlichkeit gewisser Rechte höchst unvollkommen ausgedrückte Kerngedanke der herrschenden Lehre geht doch nur dahin: durch eine Handlung, welche, wie die Tödtung, scheinbar nur e i n Recht, das des unmittelbar getroffenen Individuums, verletzt, werden in Wahrheit auch noch andere Rechte, und wäre es auch nur das des sogenannten öffentlichen Interesses, verletzt; es ist also nicht ein, sondern es sind mehrere Verletzte vorhanden; und der Verzicht des einen hat, so lange nicht alle verzichtet haben, keine Bedeutung. Dies läßt sich mit dem Satze: die Einwilligung des Verletzten macht ohne jede Ausnahme die Handlung straflos, vollkommen vereinbaren. Deßhalb sagte ich, daß eine Entscheidung der streitigen Einzelfragen mit diesem Satze noch nicht gewonnen sei.

Immerhin ist es wichtig, gegenüber dem äußerlichen Widerspruche der herrschenden Lehre die principielle Unanfechtbarkeit des Satzes festgestellt zu haben. Wir gewinnen damit die Möglichkeit, die entscheidende Frage präcise dahin zu formuliren: wer ist der Verletzte im Sinne der einzelnen Strafbestimmung? oder, was das Nämliche besagt: in wessen Interesse ist diese Bestimmung erlassen? Und wenn man sich erinnert, welche Verworrenheit der Mangel einer präcisen Fragestellung bei Berner zur Folge hat, so wird man zugeben, daß schon hiermit viel erreicht sei.

Bevor ich weitergehe halte ich eine Aufklärung für nöthig, weßhalb ich es vorziehe, statt mit dem altüblichen Begriffe des Rechts oder dem allermodernsten des Rechtsgutes, mit dem des Interesses zu operiren.

Rechte sind nach Ihering's bekannter Definition rechtlich geschützte Interessen; es läge also nahe, statt von strafrechtlich geschützten Interessen zu reden, diese kurzweg als Rechte zu bezeichnen. Es würden auch meines Erachtens an der Iheringschen Definition keine beachtenswerthen Ausstellungen zu machen sein, wenn sie etwa so formulirt würde: ein subjectives Recht ist ein durch das objective Recht geschütztes Interesse einer Person. Diese Beziehung zu einem bestimmten Subjecte hält man bis jetzt allgemein für ein Essentiale des subjectiven Rechts. Nun schützt aber das Strafrecht eine Menge von Interessen, — ich erinnere nur an die Polizeiübertretungen, gewisse Sittlichkeitsvergehen 2c., die, wie bald näher zu erörtern sein wird, eines bestimmbaren Subjects entbehren. Ihering hat zwar (Jahrb. f. Dogm. X S. 387 ff.) das Vorhandensein subjectloser Rechte ausdrücklich behauptet, und einen höchst interessanten Versuch ihrer Construction gemacht; ich weiß aber nicht, ob er damit so allgemeinen Anklang gefunden hat, daß ich die Bezeichnung der erwähnten Interessen als subjectloser Rechte wagen könnte, ohne damit einen für meine Zwecke ganz überflüssigen Anstoß zu erregen.

Hierzu kommt noch ein zweites Bedenken. Man hat sich gewöhnt, bei den Worten „subjective Rechte" nicht an die geschützten einzelnen Interessen, sondern an Interessencomplexe, wie z. B. das Eigenthum, zu denken; an jene großen Rechtskörper, deren Werden,

Wirken und Vergehen Ihering so anschaulich geschildert hat. Diese Rechtskörper haben aber für das Strafrecht eine durchaus sekundäre Bedeutung. Im Gegensatze zum Civilrecht ist das Strafrecht nicht ein System des Rechts, sondern des Unrechts. Es classificirt nicht Rechte, sondern verbotene Handlungen, und faßt deßhalb nicht die Interessencomplexe als solche in's Auge, sondern immer nur die Punkte, an welchen sie durch die verbotenen Handlungen berührt werden, d. h. die in den Complexen verwebten einzelnen Interessen. Deßhalb empfiehlt sich für das Strafrecht eine Terminologie, welche der Verwechselung dieser Rechtsbestandtheile, wenn der Ausdruck erlaubt ist, mit dem Ganzen, welchem sie angehören, vorbeugt.

Den hauptsächlich durch Binding (Normen I § 30) zu Ehren gebrachten Begriff des Rechtsgutes glaube ich principiell verwerfen zu müssen.

Die nächste Veranlassung, ihn aufzustellen, ist für Binding seine Polemik gegen den Begriff der Rechtsverletzung gewesen. Er will nicht mehr von einer Verletzung des Rechts, sondern nur von einer solchen des Rechtsguts geredet wissen. Nun stimme ich zwar darin mit Binding vollständig überein, daß der Ausdruck Rechtsverletzung im Sinne der Verletzung des objectiven Rechts ein Mißbegriff ist, oder doch zum mindesten eine höchst unpassende und irreführende Bezeichnung für die Uebertretung der Normen. Auf ihm beruht die curiose Vorstellung, welche noch immer von so vielen Kathedern herab den Studenten beigebracht wird, daß ein armer Teufel, der ein Bündel Holz gestohlen hat, hierdurch „die Rechtsordnung aufgehoben" habe, und daß sein vierzehntägiger Aufenthalt im Gefängnisse ein nothwendiges Mittel sei, um dieselbe „wiederherzustellen". Dagegen finde ich an dem traditionellen Begriffe der Verletzung des subjectiven Rechts gar nichts auszusetzen. Binding selbst erkennt an (a. a. O. S. 192), daß Interessen verletzt werden können; Rechte sind rechtlich geschützte Interessen; folglich können auch Rechte verletzt werden.

Hiernach liegt jedenfalls das zunächst von Binding berücksichtigte Bedürfniß für den neuen Begriff nicht vor. Er scheint mir aber auch als neuer und selbstständiger geradezu unhaltbar zu sein.

Binding definirt: „Rechtsgut ist Alles, an dessen unveränderter und ungestörter Erhaltung das positive Recht nach seiner Ansicht ein Interesse hat, was es deßhalb durch seine Normen vor unerwünschter Verletzung oder Gefährdung zu sichern bestrebt ist." —

Das objective Recht dergestalt als Subject eines Interesses, und nun gar aller durch die Normen geschützten Interessen, zu denken, halte ich für unstatthaft, ja für unmöglich. Genau genommen ist nur die physische Person interessenfähig. Spricht man von dem Interesse einer juristischen Person, so hat man sich gegenwärtig zu halten, daß dies im uneigentlichen Sinne geschieht; ein solches Interesse ist in Wahrheit ein Collectivinteresse der „Destinatäre", wie Ihering sie nennt. Indessen kann man der juristischen Person im übertragenen Sinne ebensowohl Interessen beilegen, wie man das mit Rechten zu thun gewohnt ist. Das objective Recht aber, diesen bloßen Inbegriff der Normen, als Subject eines Interesses, und vollends eines durch die Normen geschützten Interesses, also eines subjectiven Rechts, mir zu denken, das geht über mein Fassungsvermögen. Und dabei soll es das Subject aller durch die Normen geschützten Interessen, d. h. aller Rechte sein. Es giebt sonach gar keine individuellen Rechte mehr, sondern nur noch ein Recht, welches objectiv und subjectiv zugleich ist, und in seiner ersteren Eigenschaft sich in seiner zweiten selber schützt!

Soeben hat Binding den alten Wahn, als ob das Verbrechen die Rechtsordnung selbst verletze, d. h. in einem anderen und eigentlicheren Sinne verletze, als man dies von jedem Unrechte, z. B. auch von dem Nichtbezahlen einer Schuld, metaphorisch behaupten kann, in beifallswürdigster Weise zur Thüre hinausbefördert; jetzt führt er ihn schleunigst in sehr durchsichtiger Verkleidung durch ein Hinterpförtchen auf den gewohnten Ehrenplatz zurück. Ob ich sage: dieses Subject, oder: das Gut dieses Subjects ist verletzt, macht keinen Unterschied. Gemeint ist beide Male dasselbe, und incorrect ist der eine wie der andere Ausdruck; in Wahrheit verletzt ist das Interesse. Wenn weiter nichts dabei herauskommen sollte, als die Vertauschung eines schlechten terminus mit dem andern, so war die Sache der Mühe nicht werth, die Binding sich damit gegeben hat. In Wirklichkeit aber hat er die alte Verkehrtheit noch verschlimmert. War der Ausdruck „Verletzung der Rechtsordnung" ein unpassendes und irreleitendes Bild für deren Uebertretung, so ist mit dem Begriffe des Rechtsguts gerade die schiefe Seite des Bildes zur krassesten Realität erhoben worden. Nur weil die Rechtsordnung nicht Interessensubject sein kann, darf man nicht von ihrer Verletzung reden; und jetzt werden ihr ganz ausdrücklich Güter zugeschrieben, die doch nur als Objecte von Interessen denkbar sind.

So wie Binding ihn formulirt, ist der Begriff des Rechtsguts eine Unmöglichkeit. Wollte man ihn aber dadurch verbessern, daß man statt des objectiven Rechts die nach der bisherigen Anschauung interessirten Subjecte für die Inhaber der Rechtsgüter erklärte, so würde man alsbald den altbekannten Begriff des Rechtsobjects vor sich sehn, von welchem sich doch (a. a. O. S. 191) der neue des Rechtsguts ganz wesentlich und zwar eben dadurch unterscheiden soll, daß das Rechtsgut nicht als das Gut einer Person, sondern als das des Rechtes selbst zu gelten habe. Nur für den Fall, daß man die Möglichkeit subjectloser Rechte dauernd bestreiten sollte, würde durch eine solche Umdeutung des neuen Begriffs das gewonnen sein, daß man in dem Worte Rechtsgüter eine gemeinsame Bezeichnung hätte für die Gegenstände aller rechtlich geschützten Interessen einschließlich derjenigen, welchen man wegen ihrer Subjectlosigkeit den Charakter von Rechten nicht zuerkennen wollte.

Hoch würde ich diesen Vortheil nicht anschlagen können. Und unter allen Umständen würde man gegen den Gebrauch des neuen Begriffs zu protestiren haben, welcher nach Binding's Vorgange jetzt allgemein zu werden droht, daß man nämlich in dem Rechtsgute nicht sowohl das Object des rechtlich geschützten Interesses, als das directe Object des Rechtsschutzes sehen will. Das ist ein speciell für unsere Frage sehr gefährlich gewordener Irrthum.

Die Normen gebieten oder verbieten die Aenderung eines Zustandes nie um dieser Aenderung selbst oder um des bestehenden Zustandes willen, blos damit es anders werde, als es ist, oder so bleibe, wie es ist; sie thun vielmehr das Eine wie das Andere immer nur in Berücksichtigung eines durch die Aenderung berührten Interesses. Das liegt auf der Hand und wird mir wohl von niemandem bestritten werden. Damit ist aber auch ausgesprochen, daß Gegenstand des Normenschutzes, mithin, da die Strafgesetze nur die Uebertretung der Normen verhüten sollen, auch des Strafschutzes immer und allemal das menschliche Interesse sei und nichts Anderes.

Ich habe durchaus nicht Alle, welche vom „Güterschutze" reden, im Verdachte, diese einleuchtende Wahrheit zu verkennen. Man hält es nur für eine unbedenkliche Breviloquenz, mit Uebergehung des Zwischenbegriffs des Interesses gleich dessen Gegenstand als Object des Schutzes zu bezeichnen. Es möchte das als eine bloße Ungenauigkeit des Ausdrucks hingehn, wenn man sich dabei das wahre Verhältniß stets gegenwärtig hielte. Das hat man aber nicht gethan.

Man redet von der Körperintegrität des Menschen als einem Gegenstande des Rechtsschutzes, ohne daran zu denken, daß dieselbe an und für sich ebenso wenig wie die des Thieres durch das Recht geschützt werde. Nur ein Schutz der Interessen, die sich an beide knüpfen, findet statt; und die sind denn freilich sehr ungleicher Art. Beide aber sind ohne Weiteres preisgegeben, sobald kein geschütztes Interesse dies verbietet. Will man daher in einem concreten Falle das Eintreten des Rechtsschutzes behaupten, so hat man ein solches Interesse nachzuweisen. Dieses Erforderniß hat man gerade bei unserer Streitfrage in unbewußter Selbsttäuschung dadurch umgangen, daß man das Menschenleben, die Körperintegrität, die menschliche Freiheit ꝛc. für Rechtsgüter an sich erklärte, und somit den Strafschutz für sie unter allen Umständen in Anspruch nahm, ohne sich um die Frage zu kümmern, ob denn auch wirklich in jedem Falle ein vom Rechte als schutzwürdig anerkanntes Interesse an diesen Gütern vorliege. Mit ebensoviel Grund hätte man auch die Sachenintegrität als absolutes Rechtsgut proclamiren können; dann würde man aber den Fehler gemerkt haben.

Diesem Verfahren wollte ich hiermit die exceptio sub- et obreptionis entgegensetzen. Um es für alle Zukunft zu verhüten, würde ich dafür sein, den so beliebt gewordenen „Güterschutz" aus der Rechtswissenschaft gänzlich wieder zu eliminiren, und ihn durch den allein correcten „Interessenschutz" zu ersetzen.

Es handelt sich jetzt also nur noch um die Frage: sind diejenigen Verbrechen, bei welchen die Wirksamkeit der Einwilligung streitig ist oder sein kann, zum Schutze nur des einen nächstbetheiligten Interesses, oder auch noch anderer Interessen mit Strafe bedroht?

Soweit die herrschende Lehre sich mit dieser Frage überhaupt befaßt hat, pflegt sie sich mit dem Hinweise, — das Beweisen ist ihre Sache nicht —, auf ein angeblich betheiligtes öffentliches Interesse zu begnügen. Ich sehe einstweilen davon ab, daß ein etwa vorhandenes öffentliches Interesse deswegen noch kein rechtlich, geschweige denn strafrechtlich geschütztes zu sein braucht, und frage zunächst nur: was ist unter dem „öffentlichen" Interesse zu verstehn?

Auch von den Gegnern der herrschenden Lehre ist mit diesem Begriffe operirt worden. So hat z. B. Ortmann (Goltd.A. XXV S. 111) gegen Berner die Betheiligung des öffentlichen Interesses in den streitigen Fällen zugegeben, aber die Relevanz dieses Umstandes in Abrede genommen. An eine Definition des Begriffes ist weder von der einen noch von der andern Seite gedacht worden. Man sieht ihn als einen einheitlichen, weiterer Erklärung nicht bedürftigen an. Nun hat aber der Satz: diese Handlung ist im öffentlichen Interesse verboten, nicht weniger als drei ganz verschiedene Bedeutungen. Der Eine hat diese, der Andere jene im Sinne; nicht selten laufen auch bei einem Autor alle dreie durcheinander. Das Aergste in dieser Hinsicht leistet Hepp in der vorhin citirten Abhandlung. Kein Wunder, daß da die wechselseitigen Argumentationen aneinander vorbeigegangen sind, ohne sich zu treffen.

In der ersten Bedeutung des obigen Satzes ist öffentliches Interesse identisch mit Staatsinteresse; es besagt also der Satz, daß ein Staatsinteresse durch das Verbot geschützt sei. Damit würde ich glauben, diese erste Bedeutung genügend gekennzeichnet zu haben, wenn ich nicht, wie bei manchem älteren, so auch noch bei einem neueren Schriftsteller, dem ich Belehrung und Anregung verdanke, einer Ansicht begegnet wäre, welche den Begriff des Staatsinteresses und zwar des rechtlich geschützten Staatsinteresses so über die Gebühr ausdehnt, daß er speciell für unsere Frage eine höchst bedenkliche Gestalt annimmt.

Thon behauptet (a. a. O. S. 110 ff.), daß eine feste Grenzscheide zwischen den Interessen des „Gemeinwesens", wofür er später den deutlicheren Ausdruck Staat gebraucht[4]), und denen der Einzelnen nicht zu finden sei. Durch jeden einem sogenannten Einzelinteresse gewährten Rechtsschutz sei vielmehr das Interesse des Gemeinwesens mitgeschützt, ja letzterer Schutz sei in Wahrheit der eigentliche und alleinige Zweck jeder Rechtssatzung. „Nicht aus Rücksicht für Hinz und Kunz wird deren Eigenthum von der Rechtsordnung geschützt: um des gemeinen Interesses willen wird das Rechtsinstitut des Eigenthums aufgestellt, da der ausschließliche Genuß der sachlichen Güter seitens Einzelner für das Fortschreiten der Cultur und sonach für das gesammte Gemeinwesen von eminentester Wichtigkeit ist und das Eigenthum die Ermöglichung und Sicherung dieses Genusses bezweckt."

Wäre das wahr, dann freilich müßte man die Behauptung auf-

---

[4]) Es ist indessen diese unbestimmte Ausdrucksweise, wie immer, so auch hier ein Zeichen für den Mangel völliger Klarheit des Gedankens. Auch bei Thon wird die zweite Bedeutung des öffentlichen Interesses mit der ersten vermengt.

geben, daß in irgend einem Falle die Einwilligung des Einzelinteressenten die Interessenverletzung ausschließe. Es gäbe dann eben in den Augen des Rechts gar keine Interessen der Individuen, sondern nur des Gemeinwesens, vulgo des Staats; und über diese können natürlich die Individuen nicht disponiren. Thon ist weit davon entfernt, diese horrende Consequenz zu ziehen, aber sie ergiebt sich aus dem citirten Satze unvermeidlich. Dieser Satz ist dafür auch, ganz abgesehn von dem Fehlschlusse, auf welchem er beruht, — einer doppelten quaternio terminorum durch Unterschiebung des Rechtsinstituts an Stelle des subjectiven Rechts und des öffentlichen Interesses in dem jetzt besprochenen ersten an Stelle desjenigen in dem sofort zu besprechenden zweiten Sinne —, an und für sich durchaus unrichtig. Es steckt dahinter jene schon in der Einleitung gekennzeichnete abgöttische Vorstellung vom Staate als „Selbstzweck", welche durch Hegel zur Mode geworden ist, oder wohl richtiger geworden war. Man sah im Staate ein überirdisches Wesen, „den absolut vollendeten ethischen Organismus", und verlor sich dabei in Gedankenspielereien, denen zum Mysticismus nur der Tiefsinn fehlte. Dergleichen ist aber nirgends in der Welt weniger am Platze als im Gebiete der Jurisprudenz, dieser „Wissenschaft des gesunden Menschenverstandes", wie man sie nicht so ganz unpassend bezeichnet hat.

Man wird nie zu juristischer Klarheit über das Wesen des Staates gelangen, wenn man in ihm etwas Anderes sehen will als eine Corporation, zwar nicht oder nicht nur im Sinne des Privatrechts, sondern des öffentlichen Rechts; eine Corporation, gewiß nicht so entstanden, wie jetzt innerhalb des Staates Corporationen zu entstehen pflegen, mit viel umfassenderen Zwecken als irgend eine andere, meinetwegen d i e Corporation *κατ' ἐξοχήν*, aber doch immer ein Rechtsgebilde, welches diesen allgemeinen Typus nicht verleugnen kann. So gut man nun zwischen Interessen oder Rechten der Corporation und ihrer Mitglieder unterscheidet, auch da, wo beide parallel laufen, so gut kann und muß man das zwischen den Interessen des Staats und denen der Staatsbürger, wenn diese auch vermöge der weitgehenden Staatszwecke in viel häufigeren Fällen parallel laufen werden. Thon hat auch nicht ein einziges Beispiel beigebracht, in welchem diese Unterscheidung unmöglich wäre. Man muß nur die Differenz zwischen dem unmittelbaren und dem mittelbaren, vielleicht sehr weit entfernten Interesse nicht aus dem Auge verlieren.

Zudem heißt es, meines Erachtens, die Sache einfach auf den

Kopf stellen, wenn Thon den Schutz jedes subjectiven Rechts nur auf das Interesse des Gemeinwesens zurückführt, ebenso wenn Berner (Lehrb. § 72) meint, der Staat bestrafe die Verbrechen gegen Religion und Sitte nur, sofern sie indirect einen Angriff auf den Staat selbst enthielten. Religion, Sitte und Recht bestehn unabhängig vom Staate, wenn er auch in letzteres formell umgestaltend einzugreifen vermag. Sein Verhältniß zu den in jenen Begriffen zusammengefaßten menschlichen Interessen ist nur das des Beschützers, und er übt diesen Schutz so wenig im eigenen Interesse wie der Vormund den des Mündels. Deßhalb übt er ihn auch in dem Umfange, in welchem jene ihn erfordern, und nicht bloß, in welchem sein eigenes Interesse es mit sich bringt. Er beschränkt ihn auch nicht auf seine Staatsangehörigen, sondern er gewährt ihn, soweit sein Arm irgend reicht. Es wäre eine recht erniedrigende Auffassung, wenn man behaupten wollte, er thue das nur in seinem oder seiner Angehörigen indirecten Interesse, also namentlich aus Furcht vor der Retorsion. Nein, der Fremde wird geschützt, weil ihm das kraft der über den Staat hinausragenden Rechtsordnung gebührt.

Man wird deßhalb getrost bei der uralten Unterscheidung zwischen dem jus, quod ad statum rei Romanae und dem, quod ad utilitatem singulorum spectat, stehen bleiben dürfen, und im Gegensatze zu Thon daran festhalten, daß das Gesetz lediglich im Interesse des Hinz und nicht des Gemeinwesens dem Kunz verbietet, jenem die Fenster einzuwerfen; wie denn auch umgekehrt der Versuch, Elsaß-Lothringen vom Reiche wieder loszureißen, nicht im Interesse des Hinz oder Kunz, sondern des deutschen Reiches verboten ist.

Soviel über die erste Bedeutung des öffentlichen Interesses. Der Deutlichkeit halber werde ich es vorziehen, wo ich im Folgenden vom Staatsinteresse zu reden habe, dieses immer als solches und nicht als öffentliches Interesse zu bezeichnen.

Die Unterscheidung der zweiten von der dritten Bedeutung des Satzes, ein bestimmtes Strafgesetz sei im öffentlichen Interesse gegeben, beruht nicht auf einer Verschiedenheit des Begriffs des öffentlichen Interesses, sondern auf einer Verschiedenheit der Relation dieses Begriffs zu dem gesetzgeberischen Acte. Diese beiden Bedeutungen des Satzes haben im Unterschiede von der ersten das gemein, daß der Ausdruck „öffentlich" hier in dem nämlichen Sinne zu verstehen ist, wie beispielsweise in den §§ 110, 111, 115, 124, 125 St.G.B. Das Wort bezeichnet hier einen wesentlich negativen

Begriff, den Gegensatz zu dem, was sich auf einen bestimmt begrenzten und in seinen Grenzen übersehbaren Kreis einschränkt. Eine öffentliche Zusammenrottung hat stattgefunden, wenn an derselben unbestimmt viele Personen theilnehmen konnten, und ohne Widerspruch mit dem Willen der sich Zusammenrottenden theilnehmen durften. In diesem Sinne ist das öffentliche Interesse, das nicht an ein bestimmtes Subject gebundene, vielmehr jedem, der in die entsprechende Lage kommt, zugängliche Interesse, so etwas wie das jus cujusvis tertii, das in alten Urkunden mit übertriebener Fürsorglichkeit salvirt zu sein pflegt.

Ein solches subjektiv unbestimmtes und unbegrenztes Interesse kann nun zu einem gesetzgeberischen Acte erstens in Beziehung gesetzt werden als Interesse an dem Entstehn und Bestehn des Gesetzes überhaupt und in abstracto, ohne Rücksicht auf einen concreten Fall seiner Anwendbarkeit. Von diesem Gesichtspunkte aus muß man, wie ich dies auch schon gegen Berner zum Hinweise auf die Undeutlichkeit des Ausdrucks gethan habe, behaupten, daß mit Ausnahme der leges speciales, der Privilegien im engeren Sinne, alle Gesetze im öffentlichen Interesse erlassen seien.[5]) Das Verbot des Diebstahls besteht nicht minder als das der Brandstiftung oder des ungebührlichen ruhestörenden Lärmens im öffentlichen Interesse, d. h. im Interesse eines unbestimmt gelassenen Personenkreises, nämlich aller derjenigen, welche sich im Staatsgebiete aufhalten und demnächst so lange das Gesetz gilt, aufhalten werden; auch im Interesse der Diebe, denn auch die wollen zwar stehlen, aber nicht bestohlen werden.

Man darf aber nicht übersehen, daß dieses subjectiv schrankenlose Interesse an dem Verbote des Diebstahls nicht dasjenige ist, welches der Gesetzgeber durch dieses Verbot schützen will. Es ist ein Interesse in zweiter Potenz. Sein Gut ist das Gesetz, das des vom Gesetze geschützten Interesses das Eigenthumsobject. Da es sich nun für uns lediglich darum handelt, das Interesse zu ermitteln, welches den Gegenstand einer gewissen Gesetzesbestimmung, nicht dasjenige, für welches diese Gesetzesbestimmung den Gegenstand aus-

[5]) Auch Ortmann (Goltd. A. XXV S. 111) hat schon das nämliche Argument gegen Berner verwendet, aber ohne zu bemerken, daß dieser das öffentliche Interesse, wenigstens möglicher Weise, in einem anderen Sinne meint. In der zweiten Abhandlung (Goltd. A. XXVI S. 197) wirft Ortmann ebenfalls die verschiedenen Bedeutungen des Wortes durcheinander.

macht, so werden wir die soeben dargelegte zweite Bedeutung des Satzes, ein Gesetz sei im öffentlichen Interesse gegeben, aus dieser Untersuchung gänzlich hinauszuweisen haben. Daß mit ihr überhaupt nichts anzufangen sei, folgt schon aus ihrer Trivialität. Abgesehen von einer ganz engen Klasse von Gesetzen, die man überdies besser nicht als solche, sondern als Verwaltungsacte bezeichnet, versteht sich der Antheil eines öffentlichen, d. h. subjectiv unbeschränkten Interesses bei jedem Gesetze in diesem Sinne von selbst. Man kann sich das noch deutlicher machen. Es ist dieses Interesse am Gesetze ein rein thatsächliches, kein rechtlich geschütztes. Wenn es das letztere sein sollte, so müßte man sich neben jedem Gesetze, also beispielsweise neben dem Verbote des Diebstahls noch eine besondere Norm denken des Inhalts: es soll ein solches Gesetz gegen den Diebstahl bestehn. Da die Annahme einer derartigen an den Gesetzgeber selbst gerichteten Nebennorm für jede Norm sinnlos sein würde, so ergiebt sich, daß dieses öffentliche Interesse am Bestehen eines Gesetzes kein rechtlich geschütztes, also auch kein bei irgend einer Rechtsfrage in Betracht zu ziehendes sei. Ich habe eine Erörterung desselben für nöthig nur gehalten, um einer Verwechselung ein Ende zu machen, die auch den Besten passirt ist.

Es kann aber auch das den Gegenstand des gesetzlichen Schutzes bildende Interesse von der Beschaffenheit sein, daß es selbst im concreten Falle seiner Verletzung sich nie als das Interesse einer bestimmten Person, d. h. nicht als das Interesse ausschließlich dieser Person erweist. Hierher gehören die Interessen, welche geschützt sind durch die Verbote der Inbrandsetzung einer eigenen Sache, der Verursachung einer gefährdenden Ueberschwemmung, der Erregung öffentlichen Aergernisses durch Religionsbeschimpfung oder unzüchtige Handlungen, der Verbreitung unzüchtiger Schriften, der Kuppelei, des Incestes, der Bigamie,[6]) des Feilhaltens gesundheitsschädlicher Sachen als Nahrungsmittel, des Zweikampfes und vieler anderen Handlungen; ferner die Interessen, welche die Mehrzahl der so-

[6]) Die Bigamie verletzt direct nur das Interesse der sogenannten öffentlichen Sittlichkeit; kaum einmal mittelbar das des Staats, als welcher, wie die Erfahrung lehrt, auch bei Polygamie bestehen kann. Noch unrichtiger würde es sein, sie, wie Jhering (Zw. i. R. I S. 486), als ein gegen die individuelle Interessensphäre gerichtetes Verbrechen aufzufassen. Nicht der einzelnen Mormonen, sondern der anderen unbestimmt Vielen wegen ist die Etablirung einer Mormonengemeinde in Deutschland verboten.

genannten Polizeiverbote, wie des raschen Fahrens auf der Straße, des Unterlassens von Aschestreuen bei Glatteis rc., im Auge hat. In allen diesen Fällen ist das Subject des geschützten Interesses ein unabgegrenzter Personenkreis.

Nur insofern finden Unterschiede statt, als bei den zwei erstgenannten Verbrechen im concreten Falle wenigstens eine ungefähre Begrenzung der thatsächlich interessirten Personen möglich ist; sie wird aber immer eine unbestimmte bleiben, und der Richter hat keine Veranlassung, sich um diese Grenze zu kümmern. Bei den Aergernißverbrechen wird allerdings gefordert, daß irgend ein Individuum ein Aergerniß genommen habe; es gehört aber andererseits zum Wesen dieser Verbrechen, daß unbestimmt viele Individuen Aergerniß nehmen konnten; und gerade das Interesse dieser unbestimmt Vielen ist das geschützte. In den übrigen Fällen wird häufig nicht eine einzige Person namhaft zu machen sein, deren Interesse durch eine bestimmte Uebertretung des Gesetzes effectiv verletzt worden wäre. Subject dieser Interessen ist in Wahrheit das Publikum als solches. Es kann sich interessirt fühlen, wer da will; es wird aber gar nicht danach gefragt, ob vorkommenden Falles auch nur ein Einziger in seinen Interessen verletzt worden sei, oder sich verletzt gefühlt habe. Will man deßwegen, und weil ein Subject wie das Publikum so gut wie gar kein Subject sei, in diesen letzten Fällen geradezu von subjectlosen Interessen reden, so habe ich nichts dagegen einzuwenden. Nur darf man nicht behaupten, daß zwischen ihnen und den erstgenannten ein juristisch wesentlicher Unterschied sei. Bei den Aergernißdelicten kommen die einzelnen Geärgerten auch nur als Repräsentanten des Publikums in Betracht; und bei den erwähnten gemeingefährlichen Verbrechen sind die interessirten Subjecte zwar nicht ganz unbestimmbar, aber doch nur annähernd zu übersehen, und was die Hauptsache ist, ihre Abgrenzung ist für die Anwendung des Gesetzes irrelevant; auch hier also handelt es sich um das Interesse eines nur etwas engeren P u b l i k u m s.

Diese Interessen des Publikums nun bezeichne ich, in Uebereinstimmung mit dem herrschenden Sprachgebrauche, welcher mit einer nicht ganz logischen Umstellung des Beiworts vom Interesse der öffentlichen Sittlichkeit, Sicherheit, Ordnung und dergl. zu reden liebt, als öffentliche Interessen im engeren und eigentlichen Sinne. Man sieht, es sind diese Interessen dasjenige, was man als den Gegenstand der wenig glücklich so bezeichneten Gesetzes- oder Polizeivergehen im Unterschiede von den Rechtsverbrechen bisher mehr gesucht als gefunden hat. Ihre Abgrenzung von den Staatsinteressen hat zwar für den Zweck meiner Untersuchung keine unmittelbare Bedeutung; es kann die Verletzung eines strafrechtlich geschützten im eigentlichen Sinne öffentlichen Interesses ebenso wenig wie die eines Staatsinteresses durch die Einwilligung eines Individuums straflos werden; die Unterscheidung ist aber der wissenschaftlichen Klarheit wegen von Wichtigkeit und, wie es mir bei einer Durchmusterung unseres Strafgesetzbuchs erscheinen will, wenn man nur mittelbare und unmittelbare Interessen nicht verwechselt und den vorhin skizzirten Begriff des Staatsinteresses festhält, ohne große Schwierigkeiten durchzuführen. Als sehr viel schwieriger kann es sich erweisen, die Grenzlinie zwischen den öffentlichen und den Privatinteressen in jedem einzelnen Falle zu ziehen. Erleichtert wird diese unvermeidliche Aufgabe aber sicherlich dadurch nicht, daß man die ersteren mit den Staatsinteressen zusammenwirft.

Für verwirrend muß ich Binding's neue Terminologie halten, welcher die ohne Rücksicht auf eine in concreto eingetretene Gefährdung schon wegen der bloßen Möglichkeit einer solchen in abstracto verbotenen Polizeiübertretungen, als „reine Ungehorsamsdelicte", von den „Rechtsgüterbeschädigungen" sondert. Der Unterschied ist meines Erachtens kein principieller und darf jedenfalls, auch abgesehn von dem oben bezüglich des Rechtsgüterbegriffs Gesagten, so nicht bezeichnet werden.

Binding behauptet (Normen I S. 188), jene Polizeigesetze verböten „den Ungehorsam nicht, weil er Ursache eines interessenwidrigen Zustandes sein würde, sondern den Ungehorsam schlechthin". Es giebt aber keinen Gesetzeszweck außer dem Interessenschutz. Auch daran, daß Handlungen, welche möglicher Weise gefährlich werden könnten, lieber ganz unterbleiben, hat das Publikum, oder auch der Staat (z. B. § 360 Nr. 1 St.G.B.) ein Interesse. Kein Gesetz, wenigstens kein Gesetz in einem vernünftig regierten Staate, fordert den Gehorsam bloß um des Gehorsams willen, so zu sagen zur Uebung. Das würde nicht Rechtsschutz sein, sondern Dressur. Das einzige Beispiel für ein solches Gesetz ist, wie Thon (a. a. O. S. 4) zutreffend bemerkt, der Geßler'sche Hut.

Nach diesen vorbereitenden Begriffsbestimmungen sind wir nun dahin gelangt, die für die Wirksamkeit der Einwilligung in Ansehung eines bestimmten Verbrechens maßgebende Frage, welches Interesse durch dieses Verbrechen verletzt sei, mit aller Schärfe formuliren zu können. Es kommt darauf an, ob diese Handlung zum Verbrechen erklärt, d. h. bei Strafe verboten ist zum Schutze entweder

1) des Interesses nur einer Person, oder
2) der Interessen mehrerer Personen, oder
3) eines Staatsinteresses, oder
4) eines öffentlichen Interesses im eigentlichen Sinne.

Hierbei sind unter Personen juristische wie physische zu verstehen, zu welchen ersteren im weitesten Sinne auch der Staat gehören würde, dem man aber üblicher und zweckmäßiger Weise eine besondere Berücksichtigung zu widmen haben wird. Ist die letzte Alternative zu bejahen, so ist jede Wirksamkeit einer Einwilligung begriffsmäßig ausgeschlossen. Im Falle der dritten Alternative trifft dies zwar nicht zu; es hat aber aus naheliegenden Gründen keine praktische Bedeutung, die abstracte Möglichkeit der Einwilligung des Staates in eine gegen ihn gerichtete Handlung in Betracht zu ziehen; ich werde deßhalb auch diesen Fall als einen der unmöglichen Einwilligung behandeln. Die zweite Alternative ist mehr der systematischen Vollständigkeit als ihrer Bedeutsamkeit halber zu berücksichtigen. Sie bietet nichts Eigenthümliches: im Falle der zweiten wie der ersten Alternative schließt die Einwilligung das Verbrechen aus; nur müssen selbstverständlich, wenn mehrere Interessenten vorhanden sind, diese alle eingewilligt haben. Daß es auch hinsichtlich der Interessen unter 3 und 4 keinen Unterschied macht, ob dieselben ausschließlich oder nur mitgeschützt sind, bedarf kaum der Erwähnung; sie müssen aber nach dem Willen des Gesetzes mit geschützt, nicht etwa nur denkbarer Weise mitbetheiligt sein.

---

§ 6.

Anwendungsfälle.

Als ich den positiven Theil dieser Untersuchung mit der Abgrenzung des Einwilligungsbegriffes begann, habe ich von dem Zugeständnisse der Gegner, daß die Gültigkeit des „volenti non fit injuria“ für die Sachbeschädigung nicht zu bezweifeln sei, Gebrauch gemacht. Es war dies ein Nothbehelf, um in diesem Wirrsal der Meinungen einen festen Ausgangspunkt zu finden: „δός μοι, ποῦ σιῶ." Auf wissenschaftliche Untersuchungen findet aber die Verhandlungsmaxime keine Anwendung. Ich kann es deßhalb bei jenem Zugeständnisse um so weniger bewenden lassen, als ich die Voraussetzung desselben, daß nämlich die Einwilligung eine beim Eigenthume unbedenklich zulässige civilistische Rechtsentäußerung sei, gründlich zerstört zu haben glaube. Die Gewissenhaftigkeit fordert jetzt den im Officialverfahren zu liefernden Beweis für jene Ausgangsthatsache. Es wird dies kein circulus vitiosus werden, da inzwischen von anderen Punkten Material für einen solchen Beweis herbeigeschafft worden ist. Ich unterziehe mich dieser Aufgabe um so lieber, als ich voraussehe, daß dabei ein für das Erkennen des gesetzgeberischen Willens auch in anderen Fällen höchst wichtiges Kriterium zu Tage treten wird.

Es handelt sich also darum, zu ermitteln, welches Interesse durch das Verbot der Sachbeschädigung geschützt sei.

Daß dieses nur das auf den ersten Blick als Object des Schutzes in die Augen fallende des Eigenthümers sei, ist keineswegs so selbstverständlich.[1]) Es bestehen vielmehr thatsächlich an der Integrität auch des fremden Vermögensobjectes folgende Interessen:

1) Die der Gläubiger des Eigenthümers, wozu auch seine alimentationsberechtigten Angehörigen zu rechnen sind, und seiner Notherben; ihnen wird durch die Beschädigung oder Zerstörung der Sache das Object einer eventuellen Zwangsvollstreckung, resp. ein Stück der Erbschaft entzogen.

2) Das Interesse des Staats an der unversehrten Erhaltung des steuerpflichtigen und steuerfähigen Vermögens der Unterthanen.

3) Das öffentliche Interesse der Gesellschaft an dem Bestande des Nationalvermögens. Eine massenhafte Zerstörung der Güter Anderer würde durch die enorme Preissteigerung der übrig bleibenden den wohlhabendsten Rentier arm machen; die bekannte Geschichte von den Holländern, welche die Gewürzplantagen auf den Molukken vernichteten. Hätten die Landwirthe in Zeiten beschränkter Verkehrsmittel ähnliche speculative Maßregeln angewendet, so würde eine Hungersnoth die Folge gewesen sein.

Man sieht hieraus, wie wenig man sich von der Oberfläche der

---

[1]) Den Fall des Vorhandenseins mehrerer an der Sache Berechtigten (Miteigenthümer 2c.) lasse ich, als ohne besonderes Interesse für unsere Frage, der Kürze halber bei Seite.

Dinge entfernt, wenn man (wie z. B. Geyer, Ger.S. XXVI S. 280) mit der bloßen Thatsache des Vorhandenseins solcher Nebeninteressen auch deren Schutz durch die fragliche Gesetzesbestimmung, und zwar als Zweck dieser Bestimmung, denn darauf kommt es an (cf. den Anfang des vorigen Paragraphen), für erwiesen erachtet. In was für einem unerträglichen Rechtszustande würden wir uns befinden, wenn auch nur etwa das Interesse des Staates an der Steuerfähigkeit seiner Bürger in seinem vollen thatsächlichen Umfange durch Strafbestimmungen geschützt wäre! Man male sich das nur einmal aus.

Nun werden zwar alle jene Nebeninteressen durch die Sachbeschädigung nur insofern beeinträchtigt, als diese eine Werthzerstörung in sich schließt. Gegen die Sachbeschädigung zum Zwecke der Production neuer Werthe, d. h. umsetzbarer Werthe, haben die Nebeninteressenten nichts einzuwenden. Immerhin könnte das Gesetz, wenn es diese Nebeninteressen überall hätte schützen wollen, wenigstens die muthwillige, vergeudende Sachbeschädigung zu ihren Gunsten verboten haben. Mit einer solchen Tendenz würde die ausdrückliche Hervorhebung der Rechtswidrigkeit als Thatbestandsmerkmal der Sachbeschädigung recht wohl in Einklang zu setzen sein. Man würde dann unter rechtswidriger Beschädigung oder Zerstörung diejenige zu verstehen haben, welche nicht zu einem nach Maßgabe vernünftiger Vermögensverwaltung berechtigten Zwecke erfolgt wäre, oder auch geradezu die, welche jene rechtlich anerkannten Nebeninteressen verletzte.

Gleichwohl denkt niemand daran, dem § 303 St.G.B. eine solche Tendenz unterzulegen. Damit ist aber noch nicht die Frage beantwortet, welche Bestimmung des Gesetzes uns die Befugniß giebt, jenen nachweislich vorhandenen und, wie man sich auszudrücken pflegt, wohlberechtigten Interessen den Schutz des citirten Paragraphen zu versagen.

Der Grund, weßhalb wir dieses nicht nur thun dürfen, sondern müssen, liegt ausschließlich darin, daß das Gesetz die Beschädigung oder Zerstörung nur einer f r e m d e n Sache unter Strafe gestellt hat; denn hieraus folgt, daß sein alleiniger Zweck darin besteht, das Interesse des Eigenthümers zu schützen. Für alle jene anderen Interessen ist es ganz gleichgültig, ob die Beschädigung von einem Dritten oder von dem Eigenthümer der Sache ausgeht. Sollten sie geschützt werden, so müßte jede unwirthschaftliche Zerstörung eines Sachwerthes, gleichviel wer der Urheber sei, verboten werden. Ja, gerade gegen den Eigenthümer selbst würde ein solches Verbot am

5*

nöthigsten gewesen sein; da dieser thatsächlich am häufigsten in der Lage sein wird, jene Interessen zu verletzen.

Die Gründe, weßhalb das Gesetz sich auf den Schutz des Interesses des Eigenthümers beschränkt hat, sind unschwer zu finden. Regelmäßiger Weise läuft dieses Interesse mit den erwähnten Interessen Anderer parallel; sodaß, wenn jenes unversehrt bleibt, auch diesen nichts zu nahe geschehn kann. Der vernünftige Egoismus des Eigenthümers hält ihn im Allgemeinen davon zurück, eine unwirthschaftliche Werthzerstörung an seinen Sachgütern vorzunehmen oder durch Andere vornehmen zu lassen. So erwächst aus dem gesetzlichen Schutze des Eigenthümers durch eine rechtliche Reflexwirkung, wie Jhering [2]) deren für das Gebiet des Civilrechts nachgewiesen hat, in gewissem Umfange ein mittelbarer Schutz für die Nebeninteressenten, der aber, wie ich wiederholt betonen will, mit dem bestimmungsmäßigen Schutze nicht verwechselt werden darf. Er unterscheidet sich von letzterem dadurch, daß das Gesetz ihn nicht um seiner selbst willen erstrebt, sondern nur als eine nicht unwillkommene Folge des gesetzlichen Hauptzwecks zuläßt, soweit dieser es mit sich bringt. Der Gesetzgeber ist sich wohl bewußt gewesen, daß der § 303 St.G.B. statt einer Wohlthat eine Plage für den Eigenthümer sein würde, wenn jene Nebeninteressen zu selbstständigen Objecten des gesetzlichen Schutzes gemacht worden wären. Wer möchte Eigenthümer bleiben mit der Aussicht, sich bei Vermeidung crimineller Strafe über die Wirthschaftlichkeit des Verbrauchs seiner Sachen verantworten zu müssen? Deßhalb also hat es der Gesetzgeber mit gutem Grunde bei dem bloß accidentellen Schutze der Nebeninteressen bewenden lassen.

Da nun das allein geschützte Interesse des Eigenthümers nicht nur nicht verlangt, daß die mit seinem Willen vorgenommene auf Beschädigung seiner Sache abzielende Handlung eines Andern verboten sei, sondern geradezu deren gesetzliches Gestattetsein erheischt: so ist die mit Einwilligung des Eigenthümers verübte Sachbeschädigung straflos. Quod erat demonstrandum.

Hiermit ist das folgende wichtige Kriterium für den Willen des Gesetzgebers gewonnen: wenn eine gewisse Handlung allen Individuen mit Ausnahme eines einzigen verboten ist, so liegt hierin ein vollgültiger Beweis dafür, daß das Interesse nur dieses einen Individuums durch dieses Gesetz geschützt werden solle, daß folglich die

---

[2]) Jahrb. f. Dogm. X S. 245 ff.

mit Einwilligung dieses Individuums vorgenommene Handlung unverboten sei.

Ich weiß sehr wohl, daß ich hiermit nichts absolut Neues sage. Das Gewicht des Arguments, welches sich aus der Straflosigkeit der Selbstverletzung, wenn ich diesen Ausdruck der Kürze halber gebrauchen darf, für die der Verletzung des Einwilligenden ergiebt, hat man von jeher auf beiden Seiten gefühlt. Die allerseltsamsten Gründe, — ich erinnere nur an Berners Deductionen für die Straflosigkeit des Selbstmordes —, haben die Anhänger der herrschenden Lehre hervorgesucht, um die Vereinbarkeit der straflosen Selbstverletzung mit der strafbaren Verletzung des Einwilligenden darzuthun. Von der andern Seite sehn wir ihre Gegner bemüht, die dem Gefühle sofort sich aufdrängende Unvereinbarkeit beider juristisch zu beweisen. Diese Bemühungen konnten aber nicht gelingen, so lange man, wie bisher immer, sich darauf beschränkte, mit den strafrechtlich zwar nicht absolut irrelevanten, aber nicht durchschlagenden Begriffen von Sittlichkeit und Unsittlichkeit zu operiren, oder den Verletzer des Einwilligenden als einen bloßen Gehülfen zur Selbstverletzung, oder gar, wie Rödenbeck, als ein bloßes Werkzeug darzustellen. Gesetzt auch, daß ein Unterschied beispielsweise zwischen Beihülfe zum Selbstmorde und Tödtung des Einwilligenden auf moralischem Gebiete nicht nachzuweisen wäre, auf juristischem besteht er begrifflich ohne Zweifel. In besonders gearteten concreten Fällen können auch die juristischen Grenzlinien zu verschwimmenden werden; aber dergleichen thatsächlich unsichere Grenzgebiete, auf welchen das „in dubio mitius" aushelfen muß, giebt's bei allen Delicten. Nun gar als ein bloßes Werkzeug kann man einen mit Vorsatz handelnden Menschen selbst im Falle der Anstiftung nicht betrachten; und überdies decken Einwilligung und Anstiftung einander nicht. Allen solchen Deductionen konnte daher mit Recht von Hälschner entgegengehalten werden (Ger.S. XXXV S. 178): „daß der auf sein Verlangen Getödtete und der Selbstmörder sich völlig gleichstehen ist noch nie bestritten worden. Die Schlußfolgerung aber, daß ebendeßhalb auch der den Einwilligenden Tödtende gleich einem Selbstmörder" (soll heißen: gleich einem Gehülfen oder blindem Werkzeuge zum Selbstmorde) „zu beurtheilen sei, und wie dieser straflos erscheine, wird sicher als eine bündige und überzeugende nicht anerkannt werden."

Ich glaube den wahren Grund aufgedeckt zu haben, welcher eine zuverlässige Schlußfolgerung nach dieser Richtung, wenn auch vielleicht gerade in dem von Hälschner genannten Falle nicht vorbehaltslos, so doch im Allgemeinen gestattet. Um aber nicht in den Verdacht zu gerathen, als ob ich die Tragweite des aufgefundenen Kriteriums überschätzte, will ich sogleich auf ihre beiden Schranken aufmerksam machen.

Einmal setzt seine Anwendbarkeit voraus, daß die verbotene Handlung ihrer Beschaffenheit nach von jedem Individuum begangen werden könne. Ist die Verübung der Handlung von Seiten eines bestimmten Individuums undenkbar, so beweist der Umstand, daß der Gesetzgeber sie diesem Individuum nicht verboten hat, natürlich nichts für die Tendenz des Gesetzes. Ich vermag indessen unter all' den Fällen, in welchen die Wirkung der Einwilligung ernsthaft streitig werden kann, nur zwei zu entdecken, in welchen das Kriterium uns aus diesem Grunde im Stiche läßt: den Ehebruch und die Aussetzung.

Die zweite Schranke besteht darin, daß der mittels des Kriteriums gelieferte volle Beweis, wie überall so auch hier, durch einen Gegenbeweis entkräftet werden kann. Principiell wird ein Interesse, wenn ihm der Strafschutz wirklich etwas nützen soll, gegen jedermann mit alleiniger Ausnahme des Interessenten selbst geschützt werden müssen, und es weist deßhalb eine solche Ausnahme, wenn sie im Gesetze gemacht ist, sicher und deutlich auf die Person des Interessenten hin. Immerhin bleibt es in abstracto denkbar, daß Rücksichten ganz absonderlicher Art den Gesetzgeber bewegen könnten, sich mit einem unvollkommenen Schutze gewisser Interessen zu begnügen, und deren Verletzung durch einen bestimmten Dritten straflos zu lassen. Leicht aber wird es nicht vorkommen, daß der Gesetzgeber sich genöthigt fühlte, ein Interesse, welches er des exorbitanten Schutzes der Strafdrohung würdig und bedürftig erachtet, dem Belieben einer bestimmten, dem Interesse fremden Person preiszugeben. Man wird es deßhalb mit diesem Gegenbeweise streng zu nehmen haben, und derartige Gründe für eine solche Ausnahme von der Regel, wie sie Berner hinsichtlich des Selbstmordes vorbringt, nicht respectiren dürfen.

Es war meine Absicht, mich bei der Erörterung der einzelnen Streitfälle, nachdem ich an der Sachbeschädigung die Methode demonstrirt, auf die wichtigsten Verbrechen gegen Leib und Leben zu beschränken. Durch eine Bemerkung Schaper's bin ich aber noch au einen Fall aufmerksam gemacht worden, der die Bedeutung des gewonnenen Hauptkriteriums besonders anschaulich macht, und den ich deßhalb kurz berühren will.

Er wirft die Frage auf (Holtzend. Hdb. II. S. 131, Anm. 6), ob wegen wissentlich falscher Anschuldigung nach § 164 St.G.B. auch zu bestrafen sei, wer laut Abrede mit dem zu Denuncirenden bei einer Behörde eine unrichtige Anzeige mache, etwa in der Absicht, dem Beschuldigten ein kostenfreies Unterkommen im Gefängnisse zu verschaffen, und bejaht diese Frage: weil „der Anspruch auf Wahrheit hier als Gut der Gesammtheit in Betracht komme".

Nun sehe ich davon ab, daß dieser Anspruch der Gesammtheit auf Wahrheit als Gegenstand strafrechtlichen Schutzes eine noch viel wunderlichere Vorstellung in sich schließt, als derjenige gleichen Inhalts, den eine längst als irrig erkannte Meinung den einzelnen Individuen gegeneinander zuschrieb, und durch die Betrugsstrafe gegeschützt zu sehen wähnte. Denn hätte der Gesetzgeber diesen seltsamen Anspruch der Gesammtheit durch den § 164 St.G.B. schützen wollen, so würde er auch die falsche Selbstdenunciation unter die Strafe dieses Paragraphen gestellt haben. Nicht der Schimmer eines Grundes ist ersichtlich, der ihn davon abgehalten haben könnte. Daß er dies gleichwohl nicht gethan, ist nicht nur die unbestritten herrschende Ansicht (cf. Oppenhoff Note 6 zu § 164, Entsch. d. R.Ger. VII. S. 49), sondern ergiebt sich auch mit Sicherheit aus § 165 loc. cit. Nach diesem Paragraphen muß bei jeder Verurtheilung wegen falscher Anschuldigung ex officio dem Verletzten die Befugniß zugesprochen werden, die Verurtheilung auf Kosten des Schuldigen öffentlich bekannt zu machen. Diese Bestimmung würde keinen Sinn haben, wenn der Gesetzgeber auch Selbstdenunciationen als Fälle des § 164 im Auge gehabt hätte. Es folgt hieraus, daß dieser Paragraph nur die Sicherung der Einzelnen gegen die schweren Gefahren falscher Denunciationen bezweckt, daß mithin eine solche Handlung, wenn gegen einen Einwilligenden verübt, ebensowenig wie eine falsche Selbstanzeige aus diesem Paragraphen bestraft werden kann.

Damit ist aber nicht gesagt, daß diese Handlungen unter allen Umständen straflos bleiben müßten. Sie verletzen, wenn das von Schaper supponirte Motiv vorlag, das durch den Betrugsparagraphen geschützte fiscalische Interesse, wenn die Absicht dahin ging, den in Wahrheit Schuldigen der Bestrafung zu entziehen, das unter dem Schutze des § 257 St.G.B. stehende öffentliche Interesse an der correcten Verwirklichung der Strafandrohungen zwecks Erhaltung ihrer abschreckenden Kraft.[3]) In beiden Fällen ist es aber auch gleichgültig, ob die falsche Anzeige vom Denunciaten selbst, oder mit dessen Willen von einem Andern ausgegangen ist. So tritt hier recht frappant die Congruenz von Selbstverletzung und Verletzung des Einwilligenden hinsichtlich ihrer Straflosigkeit wie ihrer Strafbarkeit zu Tage.

Bei dem Verbote der vorsätzlichen Körperverletzurg kommen in völliger Analogie zu dem der Sachbeschädigung die folgenden Interessen als thatsächlich betheiligt in Betracht:

1) Das des Einzelnen.

2) Das der Gläubiger, unter Umständen auch der präsumtiven Erben, an der Körperintegrität, eventuell dem längeren Leben ihres Schuldners, resp. demnächstigen Erblassers.[4]) Namentlich das erstere Interesse kann ein sehr erhebliches sein; man denke an den Credit der von ihrer Hände oder ihres Kopfes Arbeit Lebenden und an das Interesse des conductor operarum oder locator operis.

3) Das Interesse des Staates an der Körperintegrität seiner Unterthanen in Anbetracht der verschiedensten den Letzteren obliegenden Leistungen, welche körperliche Rüstigkeit zur Voraussetzung haben. Dieses Interesse erklärt Geyer (Ger.S. XXVI S. 280) ausdrücklich für ein durch die §§ 223 ff. St.G.B. geschütztes, wenigstens soweit diese Paragraphen andere als „ganz unbedeutende" Körperverletzungen verbieten.

4) Das öffentliche Interesse der Gesellschaft an den Arbeitskräften der Einzelnen nach dem bei der Sachbeschädigung hervorgehobenen Gesichtspunkte; vielleicht auch das öffentliche Interesse des Mitgefühls. Ob das Reichsgericht in dem eingangs besprochenen Urtheile (Entsch. II, S. 442) bei der Redewendung, daß „die Gesundheit zu den Gütern gehöre, deren Erhaltung der Staat wegen ihres Werthes für die Gesammtheit fordere", an das erstere Interesse oder an irgend ein anderes gedacht habe, wird bei der vorsichtigen Unbestimmtheit der Ausdrucksweise wohl ewig ein Geheimniß bleiben.

---

[3]) Ich halte dieses Interesse für ein öffentliches im eigentlichen Sinne, nicht für ein staatliches, will aber zugeben, daß sich hierüber allenfalls streiten lasse.

[4]) Es klingt ein wenig komisch, wenn man von einem möglichen Interesse der Erben an dem längeren Leben des Erblassers redet; man muß aber den Fall ins Auge fassen, daß dieser ein Vermögen erst erwerben soll.

Um zu wissen, daß von all' diesen Interessen nur das erste, das des unmittelbar betroffenen Individuums, durch die §§ 223 ff. geschützt sei, genügt nach dem Vorangeschickten ein Blick auf die gesetzliche Definition der strafbaren Körperverletzung als der Verletzung eines Anderen. Alle die unter 2 bis 4 genannten Interessen würden das Verbot der Selbstverletzung in ganz demselben Maße wie das der Verletzung eines Anderen erheischen. Und es soll den Anhängern der herrschenden Lehre wohl schwer fallen, irgend einen Grund, und wäre es der allerdürftigste, beizubringen, der den Gesetzgeber gehindert haben könnte, diese Selbstverletzung zu verbieten, wenn er jene Interessen des Strafschutzes benöthigt gefunden hätte.

Daß er letzteres nicht gethan habe, folgt also schon aus dem bloßen Wortlaute des § 223. Warum er es nicht gethan, ist nicht allzu schwer zu errathen. Ganz ähnliche Bedenken, wie diejenigen, welche ihn abgehalten haben, eine Zwangswirthschaftlichkeit unter Zuhülfenahme der Criminaljustiz einzuführen, werden ihn davor bewahrt haben, eine Zwangshygiene mittels Androhung von Gefängniß und Zuchthaus durchsetzen zu wollen. Es mag dem Gesetzgeber auch eine widerliche Vorstellung gewesen sein, die Menschen wie Arbeits- und Zuchtvieh zu betrachten, deren respective Körperkräfte zum Nutzen anderer Wesen conservirt werden müßten. Und in dem Einfalle, die körperliche Verletzung eines Menschen nicht lediglich um seinetwillen, sondern auch wegen des Mitleids, welches Andere mit ihm haben könnten, zu verbieten, mag er eine sentimentale Ueberspanntheit gesehen haben. Zudem ist ihm vielleicht weniger als seinen modernen Interpreten entgangen, daß von Hause aus jeder Deutsche eine ganz merkwürdig prononcirte Abneigung dagegen verspürt, sich Arme, Beine oder auch kleinere wesentliche Körpertheile ohne die zwingendsten Gründe abzuschneiden oder abschneiden zu lassen, ja überhaupt sich ohne Noth irgend einem nennenswerthen körperlichen Unbehagen auszusetzen. Es wäre deßhalb nicht unglaublich, daß er gemeint hätte, es seien im Regelfalle bei der Körperverletzung noch viel mehr als bei der Sachbeschädigung alle denkbaren Nebeninteressen schon durch den Egoismus des Hauptinteressenten genügend, ja in dem Maße geschützt, daß der Gesetzgeber sich lächerlich machen könnte, wenn es ihm einfiele, diesen Schutz noch durch ein allgemeines Gebot des Egoismus bei Strafe des Zuchthauses verstärken zu wollen.

Damit halte ich den Satz, daß die Einwilligung des Verletzten die Strafbarkeit der vorsätzlichen Körperverletzung ausschließe, für vollerwiesen. Angesichts indessen der hartnäckigen Abneigung, mit welcher die herrschende Lehre sich weigert, eine so plausible Wahrheit anzuerkennen, will ich das zu Gebote stehende weitere Beweismaterial nicht sparen.

Zunächst einige, zum Theil schon von Anderen hervorgehobene mehr als bedenkliche Consequenzen der herrschenden Theorie.

Wenn sich jemand die kleinste Verletzung mit einem Messer beibringen läßt, etwa um seine Standhaftigkeit gegen den Schmerz zu beweisen, oder weil man zu irgend einem gleichgültigen Zwecke ein paar Tropfen Blut gebraucht, so begeht der Andere eine von Amtswegen, und zwar der Regel nach mit Gefängniß nicht unter zwei Monaten, zu bestrafende That! Jede im Circus aufgeführte Prügelei der Clowns ist ein Criminalvergehen, „ein Bruch der Rechtsordnung"! Und was dergleichen mehr.

Beraubt man einen Anderen auf dessen Verlangen eines wichtigen Körpergliedes, so wird man nach § 225 St.G.B. mit Zuchthaus von zwei bis zu zehn Jahren, nimmt man ihm auf gleiche Veranlassung vorsätzlich das Leben nach § 216 nur mit Gefängniß von drei bis zu fünf Jahren bestraft!

Es kommt bekanntlich vor, daß Mediciner zum Zwecke wissenschaftlicher Experimente sich selbst Giftstoffe beibringen. Mag man darin nun eine gelinde Verrücktheit bei starker Eitelkeit, oder wissenschaftlichen Heroismus sehen, fest steht, daß es niemandem strafgesetzlich verwehrt ist, seiner Eitelkeit oder der Wissenschaft dieses Opfer zu bringen. Bedient sich aber der Betreffende zu einem solchen Experimente der Hülfe eines Fachgenossen in der Weise, daß dieser das Gift ihm einimpft, so verwirkt dieser dienstwillige College nach § 229 St.G.B., wenn Alles gut geht, eine Zuchthausstrafe von einem bis zu zehn Jahren, wenn der Geimpfte in Siechthum verfällt, von fünf bis zu fünfzehn Jahren, und wenn er gar an dem Experimente stirbt, Zuchthaus nicht unter zehn Jahren oder lebenslängliches Zuchthaus!

Das sind so einige Proben von den praktischen Resultaten der herrschenden Theorie. Andere, bei dem Zweikampfe mit nicht tödtlichen Waffen hervorgetretene haben bereits in der Einleitung Erwähnung gefunden. [5])

---

[5]) Specielleres über letzteren Punkt findet sich bei Kronecker, Ger. S. XXXV S. 201 ff.

Nun ein weiteres, auch schon von Anderen, wenn auch nicht ganz in dieser Weise, vorgebrachtes Argument.

Ich sagte vorhin, der Gesetzgeber könne mit Rücksicht auf den deutschen Nationalcharakter, — bei orientalischen Völkern soll dies in manchen Punkten anders sein —, sich darauf verlassen, daß die Straflosigkeit der körperlichen Verletzung Einwilligender weder einen Mangel an Arbeitskräften, noch einen Nachtheil für die Volksvermehrung nach sich ziehen werde. Es ist indessen möglich, und wird durch die Erfahrung bewiesen, daß der Wunsch, einer gewissen vom Staate geforderten Leistung zu entgehen, sich unter Umständen stark genug erzeige, um selbst das riesenstarke Interesse des Einzelnen an seiner Körperintegrität zu überwinden. Es kommen Fälle vor, in welchen jemand sich selbst verstümmelt oder verstümmeln läßt, um sich der Militärpflicht zu entziehen. Ob ein wirksamer Schutz des durch solche Handlungen verletzten staatlichen Interesses nicht ein sehr viel energischeres Mittel erfordern würde, als der Gesetzgeber für angezeigt gehalten hat, läßt sich de lege ferenda stark bezweifeln. Wer den Verlust eines wichtigen Körpergliedes dem Militärdienste vorzieht, wird leicht geneigt sein, auch die Gefahr von ein paar Jahren Gefängniß noch mit in den Kauf zu nehmen. Der Staat hat sich indessen zum Schutze seines Interesses mit der im § 142 St.G.B. enthaltenen Strafdrohung von einem bis zu fünf Jahren Gefängniß begnügt. Diese Bestimmung ist in doppelter Hinsicht für unsere Frage von hoher Bedeutung.

Erstens würde sich, da eine zum Dienste untauglich machende Verstümmelung nicht anders denn als schwere Körperverletzung denkbar ist, nach der herrschenden Lehre ein höchst seltsames Verhältniß des § 142 zum § 225 St.G.B. ergeben. Es würde die gegen den Einwilligenden verübte schwere Körperverletzung, wenn sie eine Verletzung der Wehrpflicht in sich schließt, nur mit Gefängniß von einem bis zu fünf Jahren, in jedem andern Falle mit Zuchthaus von zwei bis zu zehn Jahren bedroht sein.

Zweitens beseitigt der § 142 jeden Zweifel daran, daß der Gesetzgeber, soweit er das Interesse eines Andern an der Körperintegrität des Individuums schützen will, dieses auch gegen das Individuum selber thut. In diesem Paragraphen sind Selbstverstümmelung und Verstümmelung des Einwilligenden für gleichmäßig strafbar erklärt worden. Wiederum eine erfreuliche positiv-rechtliche Bestätigung für die Zuverlässigkeit meines Hauptkriteriums. Hätte also der Gesetzgeber mit den §§ 223 ff. irgend etwas Weiteres bezweckt als den Schutz der Individuen, so würde er auch in diesen Paragraphen die Selbstverletzung verboten haben.

Auch abgesehen von diesem Hauptkriterium, würde man nach allen bisher gültigen Regeln der Interpretation schon in den hervorgehobenen einzelnen Punkten einen vollgültigen Beweis für die Straflosigkeit der gegen den Einwilligenden verübten vorsätzlichen Körperverletzung erkennen müssen. Recht verwunderlich klingt es daher, wenn Hälschner (Ger.S. XXXV S. 179) zwar anerkennt, daß seine Theorie dahin führe, innere Widersprüche im Gesetze anzunehmen, eine Widerlegung derselben hierin aber um deßwegen nicht erblicken will, „weil zwar das Naturgesetz, aber nicht das von irrenden Menschen geschaffene Rechtsgesetz unwandelbar widerspruchslos wirke". Um so kühn dem Gesetze entgegenzutreten, muß man doch etwas mehr hinter sich haben als die nachgerade zur Genüge gekennzeichnete, auf einem ganz unstatthaften Hineinziehen civilistischer Begriffe ins Strafrecht beruhende Lehre von den unveräußerlichen Rechten. Wenn man auf nichts Besserem fußt, so sollte man sich bescheiden, „die irrenden Menschen" nicht im gesetzgeberischen Kreise zu suchen, sondern in dem der Interpreten.

Superflua non nocent; ich will deßhalb noch ein vollwichtiges Argument für meine Ansicht in's Feld führen. Auch dieses ist nicht neu; man hat aber bisher unterlassen, es gegen eine täuschende Einrede der Gegner replicirend zu vertheidigen.

Ich habe bereits in der Einleitung die Tausende großentheils schwerer Körperverletzungen erwähnt, die in Deutschland täglich gegen Einwilligende straflos verübt werden. Ich meinte damit die ärztlichen Operationen. Nach dem Vorgange Hälschner's (Syst. I S. 237) pflegt die herrschende Theorie die Erheblichkeit dieser unleugbaren Thatsache zu bestreiten. Die Erscheinung soll nicht auf die strafausschließende Wirkung der Einwilligung, sondern darauf zurückzuführen sein, daß „der kunstgemäße Eingriff in die Integrität des Körpers durch den Arzt nothwendig sei, um das Leben und Dasein der Persönlichkeit selbst zu erhalten, und darum durch die in solchem Falle sittlich und rechtlich gerechtfertigte Einwilligung selbst die gefährlichste chirurgische Operation straflos werde".

Es soll also die Straflosigkeit bewirkt werden durch den zur Einwilligung hinzutretenden sittlichen Zweck der Handlung. Dies würde die Gleichung ergeben: a (Einwilligung) + b (sittlicher

Zweck) = c (Straflosigkeit). Nun hat aber nach Hälschner die Einwilligung in die Körperverletzung gar keine straflos machende Kraft, d. h. a ist gleich null. Hieraus folgt, daß, um das gewünschte Resultat zu erhalten, b=c sein, d. h. der sittliche Zweck allein die Straflosigkeit bewirken müßte. Das ist aber handgreiflich falsch. Es wäre ein fürchterlicher Rechtszustand, wenn jeder Arzt über jeden Menschen, den er mit gutem Grunde einer Operation benöthigt glaubte, herfallen und ihn ohne seine Einwilligung mittels Anwendung von Gewalt oder Chloroform operiren dürfte. Dem ist, Gott sei Dank, nicht also. Bewiese auch in einem solchen Falle der Arzt durch das Gutachten des höchsten Medicinalcollegiums, daß die Operation zur Erhaltung des Lebens nach allen Regeln der Wissenschaft geboten gewesen sei, es würde ihn dies nicht vor der Strafe schützen; und ich würde als Richter nicht einmal für eine sonderlich gelinde Strafe votiren. Deßhalb sucht jeder Arzt vor der Operation die Einwilligung des Patienten nach; und die Fälle sind bekanntlich nicht selten, in welchen jemand sich durch deren Versagung den Besitz seiner Glieder erhalten hat.

Nur eine scheinbare Ausnahme von dem Grundsatze ergiebt sich dann, wenn es sich um eine dringende Operation an einem Bewußtlosen handelt. Hier darf der Arzt sich mit einer bloß präsumtiven Einwilligung begnügen. Deßhalb ist seine Handlung auch nur aus dem Gesichtspunkte des mangelnden dolus straffrei. Es ist ganz der nämliche Grund, aus welchem keine Unterschlagung angenommen wird, wenn jemand in einer momentanen Verlegenheit fremde Gelder mit dem sicheren Bewußtsein verausgabt, daß deren Eigenthümer einwilligen würde, wenn die Zeit es gestattete, ihn darum zu befragen.

Man sieht sich also genöthigt, der Einwilligung in die Operation eine gewisse zur Ausschließung der Strafbarkeit mitwirkende Kraft zuzugestehen. Und das hat denn auch Hälschner in dem citirten Satze gethan. Halb soll die Einwilligung und halb der sittliche Zweck die Straflosigkeit zur Folge haben. Wie freilich diese an sich seltsame Vorstellung mit den anderweiten Behauptungen Hälschner's und mit der herrschenden Theorie im Allgemeinen in Einklang zu setzen sei, ist nicht leicht zu verstehen. Aber auch mit dieser Concession ist noch nichts gewonnen.

Es sind dabei die zahlreichen Operationen übersehen, welche nicht zur Erhaltung von Leben und Gesundheit, sondern lediglich zur Beseitigung eines Schönheitsfehlers, also zur Befriedigung der Eitelkeit vorgenommen werden. Hälschner wird schwerlich behaupten wollen, daß auch die Schönheit zu den „Wesensbestimmtheiten der sittlichen Persönlichkeit“ gehöre; es würde dies jedenfalls für die große Mehrzahl der Menschen ein hartes Urtheil sein. Ist sie aber keine Wesensbestimmtheit, so darf man auch nach Hälschner nicht ihr zu Liebe sich am Leibe herumschneiden lassen, geschweige denn gar die oberste Wesensbestimmtheit, das Leben, aufs Spiel setzen. Es wird unseren Aerzten interessant sein, zu erfahren, daß sie hiernach für jede Warzenoperation oder das Ausziehen eines unschön hervorragenden Zahnes Gefängnißstrafe bis zu fünf Jahren, bei mildernden Umständen Geldstrafe, für die Exstirpation eines größeren, entstellenden Fleischauswuchses, wenn die Sache schief geht, was ja auch bei anderen größeren, plastischen Operationen ohne einen Kunstfehler vorkommen kann, sogar das Zuchthaus zu gewärtigen haben.

Die Praxis ist anderer Meinung. Es ergiebt sich daher, daß der sittliche Zweck für die Straflosigkeit der Operation ohne Einfluß, daß also, um auf die Gleichung zurückzukommen, b gleich null ist. Folglich muß, da ohne Zweifel $a + b = c$ ist, $a = c$ sein; d. h. bei allen ärztlichen Operationen schließt die Einwilligung des Patienten oder, sofern er noch dem Erziehungsrechte Anderer unterstellt ist, die Einwilligung dieser Personen und kein anderer Grund die Strafbarkeit aus.

Blickt man auf diese Reihe von Argumenten zurück, erwägt man, wie das für sich allein schon genügende Hauptkriterium in allen Bestimmungen des Gesetzes bis in das Detail hinein seine Bestätigung findet, wie vollständig das gewonnene Resultat mit den Bedürfnissen des Rechtslebens harmonirt; und sieht man sich dann die Gegenseite an, die in der Luft schwebende Theorie von den unveräußerlichen Rechten, genöthigt, im Gesetze einen Widerspruch nach dem andern zu finden, unvereinbar mit den alltäglichsten Erscheinungen und in ihren Consequenzen das gesunde Rechtsgefühl jedes Unbefangenen vor den Kopf stoßend; so wird man es nicht zu kühn finden, wenn ich behaupte: niemals ist ein vom Gesetzgeber nicht geradezu mit dürren Worten ausgesprochener Rechtssatz mit größerer Sicherheit festzustellen gewesen, als der, daß die Einwilligung des Verletzten die Strafbarkeit der Körperverletzung ausschließe. Nur die förmliche Betäubung, welche eine gewisse quasiphilosophische Richtung in der Wissenschaft des Strafrechts durch das dumpfe Getöse ihrer Schlagworte verursacht hat, macht es erklärlich, daß man diesen Satz so hartnäckig bestreiten kann.

Hiermit ist auch die von Schaper, Geyer und Olshausen vertretene Mittelmeinung, welche der Einwilligung bei „geringfügigen" Körperverletzungen strafausschließende Bedeutung zugestehen will, erledigt. Sie hat die löbliche Absicht, einigen der unleidlichsten Consequenzen der herrschenden Theorie die Spitzen abzubrechen. Olshausen will es dem richterlichen Ermessen anheimgeben, ob im concreten Falle durch die Einwilligung die Rechtswidrigkeit der Handlung ausgeschlossen sei; bei leichten Körperverletzungen soll dies die Regel, bei schweren die Ausnahme sein. Es ist das ein Vorschlag zur Güte; nur schade, daß man den Sinn eines Gesetzes nicht im Vergleichswege feststellen darf. Dergleichen nenne ich nicht, ein Gesetz interpretiren, sondern es ad libitum judicis zurechtmodeln.

Daß der Selbstmord, d. h. in's Praktische übersetzt der Versuch des Selbstmordes und die Theilnahme am Selbstmorde, straflos sei, würde durch Usualinterpretation feststehen, wenn es sich nicht überdies, wie Rubo (Comm. zu § 211) nachgewiesen hat, aus dem Wortlaute der §§ 43, 48, 49, 211 St.G.B. mit juristischer Strenge deduciren ließe. Um die Stellung des Gesetzes zu der vorsätzlichen Tödtung eines Einwilligenden klar zu erkennen, wird man sich zunächst die Frage vorzulegen haben, welche Folgerung aus dieser Thatsache zu ziehen sein würde, wenn der § 216 nicht im Strafgesetzbuche stände.

Es liegt hier der einzige mir ersichtliche Fall vor, in welchem die Anwendung meines Hauptkriteriums mit einem beachtenswerthen Gegenbeweismittel zu rechnen haben würde. Ich finde einen Grund denkbar, der den Gesetzgeber bewogen haben könnte, den Selbstmord straffrei zu lassen, auch wenn er die am Leben des Individuums ebenso wie an seiner Körperintegrität betheiligten fremden Interessen, oder eines derselben, unter Strafschutz hätte stellen wollen.

Daß ich nicht einen von Berner's kaum noch fadenscheinig zu nennenden Gründen im Sinne habe, versteht sich von selbst. Ich meine vielmehr den von Feuerbach (Lehrb. § 276) angeführten: einen Menschen, der von einer bestimmten Handlung durch die sichere Aussicht auf das größte irdische Schreckniß, den Tod, als deren

Folge, nicht zurückgehalten wird, von dieser Handlung durch die Androhung irgend welcher Uebel für den Fall des Mißlingens abschrecken zu wollen, würde lächerlich sein. Dies ist der einzige zutreffende Grund, den Selbstmord auch dann straffrei zu lassen, wenn man sich für die Strafbarkeit der Tödtung des Einwilligenden entscheiden zu müssen glaubt. Er gilt aber nur für den Selbstmörder persönlich. Da nun, wie ich bereits gegen Berner nachgewiesen habe, und wie sich des Weiteren aus § 50 St.G.B. ergiebt, das Gesetz nicht das Princip befolgt, bloß wegen der Straflosigkeit des Thäters auch den Theilnehmer mit Strafe zu verschonen, so würde die erklärte Straflosigkeit des Anstifters wie des Gehülfen zum Selbstmorde noch immer den Schluß rechtfertigen, daß der Gesetzgeber durch das Verbot der Tödtung nur das Einzelinteresse habe schützen wollen, daß mithin die Tödtung des Einwilligenden nicht strafbar sei.

Diesem Schlusse stellt sich aber der § 216 entgegen, welcher die Tödtung, zu der jemand „durch das ausdrückliche und ernstliche Verlangen des Getödteten bestimmt worden ist", mit Gefängniß nicht unter drei Jahren bestraft. Es ergeben sich hiernach folgende Möglichkeiten: entweder der § 216 umfaßt, sei es auch nur vermöge extensiver Auslegung, alle Fälle der Tödtung eines Einwilligenden, dann sind diese alle, und zwar nach diesem Paragraphen, strafbar; oder er bezieht sich nur auf gewisse Fälle, dann sind die übrigen entweder nach den §§ 211, 212 zu bestrafen, oder straffrei.

Ich will zunächst bemerken, daß ich die letzte Alternative unter allen Umständen für ausgeschlossen halte. Wenn der § 216 sich nicht auf alle Fälle der Einwilligung bezieht, so ist ohne weitere Auseinandersetzung klar, daß der Gesetzgeber in ihm nicht etwa die schwersten, sondern die leichtesten, d. h. die am wenigsten gefährlichen oder moralisch anstößigen ausgeschieden habe. Ich müßte also schon wie Hälschner entschlossen sein, dem Gesetzgeber eher einen Widerspruch mit sich selbst als mit dem von mir theoretisch für richtig Gehaltenen zuzutrauen, um trotzdem bei der Behauptung stehen zu bleiben, daß die Tödtung eines Einwilligenden in den anderen, schwereren Fällen straflos sei. Glücklicher Weise bin ich aber nicht in der Nothlage, einen verlorenen Posten mit den Mitteln der Verzweiflung vertheidigen zu müssen. Ich kann getrost anerkennen, daß der Gesetzgeber sich zu dem schwersten aller Verbrechen, der vorsätzlichen Tödtung, anders gestellt habe als zur Körperverletzung, und thue dies sogar in dem Umfange, daß ich zugebe: die Tödtung des Einwilligenden ist, mit Ausnahme der Fälle des § 216, wie der Mord oder, wenn im Affecte verübt, wie der Todtschlag zu bestrafen.

Ich verkenne ebensowenig wie andere Leute, daß diese Consequenz eine sehr fatale ist. Es würde mir viel sympathischer sein, den § 216 in jedem Falle der Einwilligung zur Anwendung zu bringen. Ich glaube aber nicht, daß dieses mit der ersten Pflicht des Richters, dem stricten Gehorsam gegen den erkennbaren Willen des Gesetzes, im Einklange stehen würde.

Da ich den heutzutage üblichen Cultus der „Motive" für eine der bedenklichsten Schwächen der Judicatur halte, so will ich kein großes Gewicht darauf legen, daß die Motive den § 216 nicht auf jede Tödtung eines Einwilligenden, sondern nur auf eine solche, „wie sie der Entwurf näher charakterisirt", bezogen wissen wollen. Aber mich binden die eigenen Worte des Gesetzes. Durch das ausdrückliche und ernstliche Verlangen des Getödteten soll der Andere zur Tödtung bestimmt worden sein. Daß damit nichts weiter gemeint sei als die bloße Einwilligung in dem von mir entwickelten, oder auch nur einem ähnlichem Sinne, zu der Annahme werden alle Künste der Interpretation mich nicht bewegen können. In jedem der hervorgehobenen Worte spricht sich zu deutlich eine wahre Aengstlichkeit des Gesetzgebers aus, der Einwilligung bei der Tödtung nur ja keinen zu weiten Spielraum zu gewähren.

Ich sehe deßhalb in der Ortmannschen Auslegung des § 216 (Goltd. A. XXV S. 117), trotz der löblichen Absicht und des aufgewandten Scharfsinnes, ein wahres Musterbeispiel, welches in den Collegien vorgetragen werden sollte, um zu zeigen, wie man ein Gesetz nicht interpretiren dürfe. Mit der Ausdrücklichkeit des Verlangens soll nichts weiter gefordert sein, als daß es irgend einen Ausdruck gefunden haben müsse. Die Ernstlichkeit soll sich erst recht von selbst verstehen. Ein Verlangen soll auch schon dann vorgelegen haben, wenn der Getödtete nur schließlich auf die Frage des Andern, ob er ihn tödten solle, mit „ja" geantwortet hatte; hierfür wird auf die Bedeutung des Verlangens im § 142 Abs. 2. Bezug genommen. Endlich soll das Bestimmtsein im § 216 ebenso wie bei der Anstiftung nur voraussetzen, daß der Tödtende ohne die Einwilligung des Getödteten die Handlung unterlassen haben würde.

Das ist aber doch wirklich das alte Schulbeispiel der Logik: „wenn ich Dir ein Haar ausreiße, bekommst Du davon einen kahlen

Kopf? ꝛc." Ortmann rupft sich das Gesetz unbarmherzig nach seiner vorgefaßten Meinung zurecht.

Gerade weil die Hinzufügung der Worte „ausdrücklich und ernstlich" in dem Sinne, welchen Ortmann ihnen giebt, absolut überflüssig gewesen sein würde, muß man schließen, daß der Gesetzgeber, wenn auch vielleicht nicht sehr glücklich in der Wahl seines Ausdrucks, etwas Anderes damit gemeint habe. Und wenn das „Verlangen" im § 142 und das „Bestimmtwerden" im § 48 jedes für sich in einer stark abgeschwächten Bedeutung vorkommen, so beweist das keineswegs, daß sie hier, in Verbindung mit einander und accentuirt durch die geforderte Ausdrücklichkeit und Ernstlichkeit, dieselbe Bedeutung haben müßten.

Daß der Gesetzgeber sich präciser hätte ausdrücken können, gebe ich willig zu. Sieht man indessen seine Worte unbefangen an, so ist der Sinn deutlich genug: es muß die dringende und inständige Bitte des Getödteten der einzige Grund gewesen sein, der den Tödtenden zu der Handlung bewogen hat.

Damit wäre de lege lata die Frage nach der Strafbarkeit der Tödtung des Einwilligenden erledigt. Es ist indessen nach Hälschner's Vorgang üblich geworden, bei der Besprechung unseres Themas gesetzgeberische Vorschläge einzuflechten. Ich will deßhalb mit einem solchen, der meines Erachtens sehr viel für sich hat, auch nicht zurückhalten, zumal er sich von allen bisher vorgebrachten nicht nur durch eine völlig abweichende Tendenz, sondern auch durch Kürze und Einfachheit unterscheidet.

Er lautet:

Einziger Paragraph.

Der § 216 des Strafgesetzbuchs ist aufgehoben.

Zur größeren Bequemlichkeit für die gesetzgebenden Factoren füge ich sogleich die Begründung des Entwurfs, fertig ausgearbeitet, hinzu.

Motive.

Der durch Aufnahme des § 216 in das Strafgesetzbuch geschaffene Rechtszustand bedarf der Aenderung nach irgend einer Richtung auf jeden Fall.

Der Gesetzgeber hat sich auf den Standpunkt gestellt, das Leben des Individuums nicht nur in dessen Interesse, sondern auch mit Rücksicht auf irgend ein anderes Interesse schützen zu wollen. Er hat aber auch von diesem Standpunkte aus nach zwei Seiten gefehlt, theils durch übertriebene Härte, theils durch unmotivirte Milde.

Die Fälle, welche der § 216 trifft, sind großentheils von einer Beschaffenheit, daß die Minimalstrafe von drei Jahren Gefängniß das Gefühl empört. Das angebliche Verbrechen besteht oft nur darin, einem Todtkranken die Qual einiger Stunden aus Mitleid erspart zu haben. Ebenso liegen die anderen Fälle der Tödtung eines Einwilligenden nicht derart, und sind namentlich von den im § 216 vorgesehenen nicht in dem Maße verschieden, daß man eine Vollstreckung der für sie angedrohten Todesstrafe mit der Menschlichkeit vereinbar, ja überhaupt für möglich halten könnte. Der Gesetzgeber darf aber, wie jeder Mann, der etwas auf sich hält, nie eine Drohung aussprechen, wenn er von vorneherein weiß, daß sie eintretenden Falls sich nicht verwirklichen werde.

Andererseits trifft das Gesetz der Vorwurf einer grundlosen und inconsequenten Milde. Weßhalb die Theilnahme am Selbstmorde, insbesondere die Anstiftung straflos bleiben solle, wenn man die Tödtung des Einwilligenden bestraft, ist nicht einzusehen. Die Anstiftung zum Selbstmorde gefährdet nicht nur das im concreten Falle vielleicht gar nicht nachweisbare, sicherlich höchst entfernte Interesse, welches der Gesetzgeber beim Erlasse des § 216 im Auge gehabt hat; sie erscheint sogar in gewissem Sinne als eine Gefährdung des Interesses des Einzelnen an seinem Leben. Und, während die nach § 216 in seiner jetzigen engen Fassung unter Strafe gestellte Handlung aus keinem anderen Motiv als aus dem edelsten des Mitleids hervorgehen kann, sind bei der Anstiftung zum Selbstmorde sehr füglich unlautere Beweggründe denkbar.

Erscheint nach obigen Erwägungen eine Aenderung des Gesetzes unbedingt von Nöthen, so giebt dies Veranlassung zu einer erneueten Prüfung der Frage, ob der bisher eingenommene Standpunkt überall der richtige sei.

Die Motive berufen sich für die Strafbarkeit der Tödtung des Einwilligenden auf „das unbestrittene Sittengesetz, daß das Leben ein nicht veräußerliches Gut sei". In den Reichstagsverhandlungen haben die Vertheidiger der Vorlage von dem „Interesse der Allgemeinheit" geredet, welches in den Fällen des § 216 verletzt werde. Da man sich bei letzterem Ausdrucke Alles und Nichts denken kann, so wird man die Anschauung der damaligen gesetzgeberischen Kreise aus den Motiven allein zu entnehmen haben. Soweit in diesen die Theorie von den unveräußerlichen Rechten durchklingt, bedürfen sie nach der neuesten Kritik dieser Lehre keiner Widerlegung. Man hat also, da das Herbeiziehen ökonomischer Interessen am Menschenleben einer besonderen Zurückweisung kaum bedürfen wird, nur mit der Ansicht zu rechnen, daß die Tödtung eines Einwilligenden das sittliche Gefühl in dem Grade verletze, daß sie etwa gleich der Sodomie im öffentlichen Interesse bei krimineller Ahndung verpönt werden müßte.

Dies wird aber zu verneinen sein.

Man darf vom moralischen Standpunkte aus die Tödtung des Einwilligenden und den Selbstmord nicht auf eine Stufe stellen; und zwar muß die Unterscheidung nicht, wie man gewöhnlich annimmt, zu Ungunsten, sondern zu Gunsten der Ersteren gemacht werden.

Die landläufigen Gründe für die Unsittlichkeit der „Selbstentäußerung", worunter man beide Handlungen, d. h. den Selbstmord und die Einwilligung in die Tödtung, begreift, beruhen auf der schon von Schopenhauer (Grundlage der Moral § 5) so trefflich verspotteten Annahme einer Pflicht der Selbsterhaltung. Diese Annahme ist das Resultat einer noch immer nicht ganz um ihren Credit gekommenen Ethik, welche in Trendelenburg's Naturrecht ihren unter den Juristen populärsten Ausdruck gefunden hat. Danach besteht die Sittlichkeit in der Erfüllung „der Bedingungen für die Verwirklichung der Idee des Menschen in der Geschichte". Hierfür ist natürlich vor Allem die Erhaltung des Bestandes der menschlichen Race von Nöthen. Alles, was darauf abzielt, also namentlich auch die Gesundheitspflege, Essen, Trinken 2c. ist mithin sittliche Pflicht., ein Theil der allgemeinen Pflicht der Selbsterhaltung und der noch allgemeineren, für die Erhaltung der Gattung zu sorgen. Moralisch indifferente Handlungen giebt es danach fast gar nicht mehr. Glücklicher Weise ist die Mehrzahl dieser sittlichen Pflichten ebenso bequem wie angenehm zu erfüllen. Jeder Tagedieb, wenn er nur sich selbst so wenig wie einem Anderen etwas Besonderes zu nahe gethan hat, kann des Abends mit dem Bewußtsein schlafen gehen, seine Zeit ausschließlich mit der Erfüllung sittlicher Pflichten hingebracht zu haben, und eben mit dem in's Bett Steigen wieder eine zu erfüllen.

Diese nicht einmal ächt heidnische, sondern nur über die Maßen platte und philisterhafte Ethik vermag so wenig vor den Anschauungen des Christenthums wie vor denen einer geläuterten Philosophie zu bestehen. Beide stimmen darin überein, daß der einzige moralische Grund gegen den Selbstmord in der Pflicht des Duldens zu finden sei. Dies ist aber von allen Pflichten die schwerste und wahrhaftig nicht von der Beschaffenheit, daß ihre Verletzung einen allgemeinen Abscheu hervorrufen könnte, der das Einschreiten der Strafjustiz erheischte. Die alltägliche Erfahrung lehrt das Gegentheil. Wurde doch erst kürzlich in den Zeitungen berichtet, daß ein persönlich beliebter akademischer Lehrer, der sich selbst entleibt hatte, unter allgemeiner und ehrenvoller Theilnahme der Bevölkerung bestattet worden sei, und daß die Mitglieder der Universität eine Sammlung für ein würdiges Grabdenkmal in's Werk gesetzt hätten.

Derjenige nun gar, welcher unter Voraussetzungen, wie der § 216 St.G.B. sie im Auge hat, einen Einwilligenden tödtet, verletzt noch nicht einmal direct diese Pflicht des Duldens. Er unterläßt es nur, den Andern durch Versagung der erbetenen Abkürzung des Leidens zum Dulden zu zwingen. Daß man moralisch verpflichtet sei, mit Ueberwindung des Mitleids eine derartige Bitte abzuschlagen, dürfte eine höchst problematische Behauptung sein. Keinesfalls ist diese Pflicht von der Beschaffenheit, daß ihre Erfüllung durch Androhung einer Gefängnißstrafe, sogar einer von mindestens drei Jahren, erzwungen werden dürfte. Hält es doch nicht schwer, sich den Fall so zu denken, daß die Tödtung des Einwilligenden geradezu als Pflicht sich darstellt. Wer den tödtlich verwundeten Kameraden, den er von dem verlorenen Schlachtfelde nicht fortschaffen kann, lieber den Mißhandlungen barbarischer Feinde preisgeben, als auf sein Flehen durch eine mitleidige Kugel erlösen wollte, „weil das Leben eine unverzichtbare Wesensbestimmtheit der sittlichen Persönlichkeit sei", dürfte schwerlich von Gewissensbissen ganz frei bleiben, wenn er später die verstümmelte Leiche fände. Holtzendorff (Handb. III S. 447) hebt mit Recht hervor, daß die Tödtung des Einwilligenden in einem förmlichen Affecte des Mitleids verübt werden könne. Und eine ihrem ganzen Wesen nach aus dem Mitleide entspringende, kein Recht verletzende That hat man, unter Berufung auf das Sittengesetz, wie ein gemeines Verbrechen mit Gefängniß bedroht!

Es verletzt jedes feinere Gefühl, wenn man sieht, wie ungeschickt die plumpe Faust des Kriminalrechts, von Hause aus dazu bestimmt, Mörder, Räuber, Diebe und ähnliches Gesindel zu packen, hier in die feinsten Verzweigungen ethischer Fragen hineingreift, die man nicht berühren kann, ohne das Problem aller Probleme zu streifen. Und der nämliche Gesetzgeber, der ein so empfindsames Grausen an den Tag gelegt hat bei dem Gedanken, es könnte Einer den Andern auf dessen Bitten von unerträglich gewordenen geistigen oder körperlichen Qualen durch den Tod befreien, ließ gleichzeitig den scheußlichsten Wucher nicht nur ohne Bedenken straffrei, sondern erklärte ihn durch Anwendung des gerichtlichen Zwanges gegen seine Opfer geradezu für ein Recht.

Nicht zu verwechseln mit der Handlungsweise, welche der § 216 allein im Auge hat, ist der nicht schlechterdings undenkbare Fall, daß jemand aus eigennützigen Motiven einen Anderen mit Erfolg beredete, sich tödten zu lassen. Leicht wird ihm das nicht gelingen, wenn der Andere nicht schon die dringendsten Gründe hat, den Tod zu wünschen. Es ließe sich aber in Erwägung ziehen, ob man nicht eine solche, von der bloßen Tödtung eines Einwilligenden selbst in dem Falle, in welchem diese nicht lediglich aus dem Mitleide hervorgeht, ohne Mühe zu unterscheidende Handlung mit Strafe bedrohen solle. Sie könnte mit der Anstiftung zum Selbstmorde im Interesse der gefährdeten Individuen und aus ganz gleichem Gesichtspunkte für strafbar erklärt werden. Besonders möchte man hierzu geneigt sein für den Fall, daß falsche Vorspiegelungen angewendet würden, um den Anderen gewissermaßen um seine Lebenslust zu betrügen. Ein praktisches Bedürfniß für eine solche Strafbestimmung hat sich indessen nach den bisherigen Erfahrungen nicht herausgestellt. Es scheint, als ob der Selbsterhaltungstrieb zur Genüge gegen derartige Gefahren schützte. Und der Gesetzgeber hat Ursache, mit den Strafen sparsam zu sein. „Quod semel aut bis existit, praetereunt legislatores", sagt Theophrastus.

Hiernach empfiehlt sich die einfache Streichung des § 216; woraus nach neuerdings festgestellten Regeln der Interpretation die Straflosigkeit jeder Tödtung eines Einwilligenden folgen würde.

Wenn man gegen dieses Resultat de lege ferenda eingewendet hat (Berner Lehrb. § 83 a. E.), daß es „höchst gefährlich sein würde, eine Klasse von Tödtungen durch ausdrückliches Gesetz für straflos zu erklären"; so kann damit, wenn überhaupt etwas Bestimmtes, nichts Anderes gemeint sein, als daß die Gefahr entstehen würde, im concreten Falle die strafbare Tödtung von der straflosen nicht unterscheiden zu können, und deßhalb ungestraft zu lassen. Wie es aber der Gesetzgeber vor seinem Gewissen verantworten sollte, eine an sich nicht strafwürdige Handlung nur deßhalb für ein Verbrechen zu erklären, weil eine andere, strafbare, mit ihr verwechselt werden könnte, ist nicht einzusehen. Das würde weit über die alte Verdachtsstrafe hinausgehen; und schon diese ist wirklich ein von der modernen Wissenschaft, nicht bloß von einigen Professoren ihrer Meinung nach „überwundener Standpunkt".

Als sehr werthvoll werden sich die von mir entwickelten Begriffe der Einwilligung und des öffentlichen Interesses zur Schlichtung des Knäuels von Streitfragen erweisen, welchen man um die Strafbarkeit des Zweikampfes gesponnen hat.

Das Reichsstrafgesetzbuch hat keine Definition des Zweikampfes gegeben, und zwar, wie allgemein mit Recht angenommen wird, in der bewußten Absicht, daß dieses Wort im Sinne des gewöhnlichen Lebens verstanden werden solle. Das Gesetz hat aber nicht für jeden Zweikampf, sondern nur für den mit tödtlichen Waffen vollzogenen Strafbestimmungen aufgestellt. Wenn aus letzterem Umstande irgend etwas für den Begriff zu folgern ist, welchen das Gesetz mit dem bloßen Worte Zweikampf verbindet, so ist es dieses, daß die Anwendung tödtlicher Waffen nicht zum Wesen des Zweikampfes überhaupt gehöre.[6]) Das entspricht auch der Redeweise im gemeinen Leben.

Angesichts dessen ist es eine höchst unglückliche und verwirrende Terminologie, wenn so vielfach von dem „Begriffe des Zweikampfs im Sinne des Strafgesetzbuchs" geredet wird. Einen solchen besonderen Begriff giebt es nicht. Das Wort Zweikampf bedeutet im Gesetze ganz das Nämliche wie in der Umgangssprache. Will man mit jener Redewendung den strafbaren, d. h. den durch das fernere Merkmal der tödtlichen Waffen von dem gewöhnlichen Zweikampfe unterschiedenen bezeichnen, so thut man viel besser, sich zu diesem Zwecke des kurzen und klaren Ausdrucks „strafbarer Zweikampf" zu bedienen. Man öffnet sonst der irrigen Vorstellung eine Hinterthüre, als ob schon das Wort Zweikampf für sich allein im Gesetze etwas Anderes besagte, als was man außer dem Gesetze, und abgesehn von jeder Strafbarkeitsfrage, allgemein darunter versteht. Es haben sich wirklich durch diese Hinterthüre entgegen dem deutlich genug

---

[6]) Eingehender und vollkommen zutreffend hat dies Röbenbeck (a. a. O. § 1) ausgeführt.

ausgesprochenen Willen des Gesetzgebers die sonderbarsten Definitionen von dem „Zweikampfe im Sinne des Gesetzes" eingeschlichen.

Es versteht nun der gewöhnliche Sprachgebrauch unter Zweikampf allerdings nicht jeden Kampf zweier Personen; er unterscheidet den Zweikampf von der gegenseitigen Schlägerei; das unterscheidende Merkmal liegt aber nur in dem einzigen Momente der wechselseitigen Einwilligung in die Handlung oder die mehreren Handlungen des Anderen. Es will nicht jeder den Anderen schlagen: das würde Schlägerei sein; sondern es will sich jeder mit dem Anderen schlagen: das ist Zweikampf. Darum hört, sobald die Einwilligung in das Weiterkämpfen von der einen oder andern Seite versagt wird, der Zweikampf auf und die Schlägerei beginnt. Hiernach bedarf die Definition des Zweikampfes, welche sein Wesen in der Vereinbarung, mit einander zu kämpfen, findet, der Berichtigung. Die vorangegangene Vereinbarung thut's nicht, sondern nur die erklärte, fortdauernde Einwilligung in dem von mir entwickelten und im nächsten Paragraphen noch näher zu entwickelnden Sinne. Wer seinen Gegner, der die Pistole weggeworfen hat und davonläuft, niederschießt, begeht einen gemeinen Mord oder Todtschlag.

Hiernach ist der Zweikampf der Kampf zweier Personen unter Einwilligung eines jeden in die Angriffshandlungen des Anderen.

Dies ist die vollkommen erschöpfende Definition des mit dem Worte Zweikampf innerhalb wie außerhalb des Strafgesetzbuchs bezeichneten Begriffs. Es trägt beispielsweise im gemeinen Leben niemand Bedenken, Boxereien zu den Zweikämpfen zu rechnen.

Ein engerer, im Gesetze nicht genannter Begriff ist der des Duells; ein ganz unbestimmter der des Waffenspiels. Mit letzterem Ausdrucke hat man bisweilen die studentischen Paukereien bezeichnet, um damit die Behauptung zu rechtfertigen, daß sie keine Zweikämpfe seien. Will man unter Waffenspiel nicht eine leichtere Unterart des Zweikampfes, sondern etwas begrifflich von ihm Verschiedenes gedacht wissen, so kann der Unterschied nur in dem Ausschlusse jeder Absicht der Verletzung beim Waffenspiele gefunden werden. Dann aber trifft dieser Begriff auf die studentische Paukerei nicht zu.[7]) Andererseits ist es auch nicht sprachgemäß, die gewöhnliche Paukerei

---

[7]) Uebereinstimmend Sontag Zeitschr. für Strafr. II S. 4 und das Reichsger. Entsch. VII S. 31.

ein Duell zu nennen. Der Student sagt nach einer solchen nie, er habe sich duellirt. So drückt sich höchstens einmal der mit studentischen Verhältnissen unbekannte Philister aus. Man versteht unter Duell eine schwerere Art des Zweikampfs.

Aber selbst für den Begriff des Duells würde die Definition noch zu enge sein, welche Hälschner (Ger.S. XXXIV S. 6) in wesentlicher Uebereinstimmung mit Berner vom „Zweikampfe auch im Sinne des deutschen St.G.B.", also vom Zweikampfe schlechthin giebt. Er bezeichnet ihn „als den zwischen zwei Personen vereinbarten, nach vereinbarten oder hergebrachten Regeln mit gleichen und tödtlichen Waffen, um Genugthuung für eine Beleidigung zu erlangen und zu gewähren, geführten Kampf".

Das allein sachlich Richtige an dieser ganzen Definition ist der Kampf nach vereinbarten Regeln. Ich habe die letzteren in meiner Definition nicht erwähnt, weil das, was man darunter versteht, im Begriffe der Einwilligung steckt. Man willigt immer nur in bestimmte, nicht in alle beliebigen Handlungen des Andern ein; daraus ergeben sich die Kampfesregeln. Alles Andere in der Hälschner'schen Definition sind willkürliche Zusätze. Die tödtlichen Waffen gehören, wie schon bemerkt, nicht bloß nach gemeinem Sprachgebrauche, sondern auch nach dem deutlichen Wortlaute des Gesetzes nicht zum Begriffe des Zweikampfes, sondern nur des strafbaren Zweikampfes. Die Gleichheit der Waffen ist ein von Hälschner ganz allein erfundenes, wie er selbst hervorhebt, in keinem einzigen deutschen Gesetzbuche je erwähnt gewesenes Thatbestandsmerkmal. Es ist sehr begreiflich, daß man es nie erwähnt hat; wer sollte wohl auf den Einfall gekommen sein, in einem Kampfe, bei welchem vereinbarter Maßen der eine den Säbel, der Andere den Degen führt, — was praktisch sehr wohl angeht —, keinen Zweikampf sehen zu wollen? Der Zweck der Genugthuung für eine Beleidigung endlich ist noch nicht einmal dem sogenannten Duelle, geschweige denn jedem Zweikampfe begrifflich wesentlich.[8]) Die Mehrzahl der studentischen Paukereien hat keine Beziehung zu einer Beleidigung; und es können sogar Duelle im engeren Sinne unter Nebenbuhlern vorkommen, denen nichts einer Beleidigung auch nur Aehnliches vorausgegangen ist. Wenn man in dieser Weise einem Ausdrucke des Gesetzgebers

[8]) Uebereinstimmend hiermit Rödenbeck a. a. O., Sontag Zeitschr. für Strafr. II S. 2 und das Reichsger. Entsch. VII S. 31.

vollständig aus der Luft gegriffene Merkmale unterschiebt, so ist es kein Wunder, daß man zu Resultaten gelangt, die es nöthig machen nach einer Aenderung des Gesetzes zu rufen.

Ich wende mich vom Begriffe des Zweikampfes zur Frage seiner Strafbarkeit. Auch hier ist es zweckmäßig, zunächst sich klar zu machen, wie es damit stehen würde, wenn der fünfzehnte Abschnitt im Strafgesetzbuche fehlte.

Da ich am Beispiele der Sachbeschädigung nachgewiesen und durch die Entwickelung des Interessenbegriffs näher begründet habe, daß und warum die ächte Einwilligung allemal in nichts Anderem als im Wollen der Handlung, insbesondere nicht im Wollen des Erfolges besteht, so ist es klar, daß das Einlassen auf einen Zweikampf die beiderseitige Einwilligung in die aggressive Thätigkeit des Anderen enthält. Es will jeder mit dem Anderen kämpfen, nicht ihn einseitig malträtiren. Das Argument Hälschner's (a. a. O. S. 7) gegen Wächter's Heranziehung des „volenti non fit injuria" für den Zweikampf, „wer sich mit Bewußtsein in eine Lebensgefahr begebe, beabsichtige deßhalb doch noch nicht, das Leben zu verlieren", fällt damit hinweg. Hieraus folgt, in Verbindung mit dem über die Wirkung der Einwilligung bei Körperverletzung und Tödtung Festgestellten, daß ohne die Bestimmungen des fünfzehnten Abschnitts der resultatlose Zweikampf und die im Zweikampfe bewirkte Körperverletzung allemal straflos, eine ebensolche Tödtung nur dann, und zwar als Mord oder Todtschlag zu bestrafen sein würde, wenn sie vorsätzlich herbeigeführt worden wäre. Denn der § 216 würde nach meiner Auslegung keine Anwendung finden.

Ich trage nicht das mindeste Bedenken, diese Consequenz in den vom Strafgesetzbuche nicht berührten Fällen des Zweikampfes auch für die Praxis zu ziehn. Wenn daher ein paar Bauernburschen die Kraft ihrer, vielleicht auch noch mit Stöcken bewehrten Fäuste vereinbarter Maßen an einander erprobt haben, so liegen meines Erachtens keine Körperverletzungen vor, die man mit einander compensiren, oder wenn man den § 223ª für anwendbar hält, nicht compensiren könnte, sondern ein strafloser Zweikampf. Hält man sich nur die Erfordernisse einer wirksamen Einwilligung und damit den Unterschied eines solchen Zweikampfes von der Schlägerei gegenwärtig, so verliert diese Behauptung alles Paradoxe, was sie auf den flüchtigen Blick haben könnte.

Das Gesetz hat nun aber den Zweikampf in gewissem Umfange

unter Strafe gestellt. Es fragt sich zunächst: welches Interesse hat hierdurch geschützt werden sollen?

Es giebt drei Antworten auf diese Frage. Man hält den Zweikampf für verboten: entweder als Eingriff in die staatliche Rechtspflege, als unerlaubte Selbsthülfe (Berner in seinem Lehrbuche und mit geringer Modification Hälschner a. a. O. S. 9), oder als Verletzung der öffentlichen Ordnung durch Störung des öffentlichen Friedens (Schütze Lehrb. § 68, Teichmann in Holtzend. Hdb. III S. 389), oder als Gefährdung von Leib und Leben (so nach Wächter's Vorgange Sontag a. a. O. S. 3).

Die erste Ansicht geht von der irrigen Annahme aus, daß jeder Zweikampf, oder doch jeder strafbare Zweikampf eine Beleidigung zum Anlasse habe. Sie ist aber selbst unter dieser Voraussetzung verkehrt. Schon Wächter hat sie aufs bündigste widerlegt mit dem Hinweise darauf, daß der Staat gar nicht den Anspruch erhebe, jede Streitigkeit unter Privatpersonen vor sein Forum zu ziehen. Er überläßt es ihnen gerne, ihre Differenzen in beliebiger Weise durch Vergleich, Schiedsrichter, Loos u. s. w. zu schlichten. Hälschner setzt dem die Behauptung entgegen, daß der Staat ein solches Bannrecht allerdings dann in Anspruch nehme, wenn es auf die Bestrafung der Rechtsverletzung ankomme. Als ob der Zweikampf eine *Bestrafung* des Beleidigers bezweckte, — die also auch darin bestehen könnte, daß der Beleidigte noch eine Körperverletzung obenein erhält, oder gar über den Haufen geschossen wird —, und nicht vielmehr in einem Nachklange altdeutschen Beweisrechts die Reinigung der bescholtenen Ehre durch mannhaftes Erweisen. Zudem erklärt der Staat, indem er den Beleidigten auf die Privatklage verweist, so deutlich wie möglich, daß ihm gar nichts daran liege, jede Beleidigung zu bestrafen. Er ist froh, wenn man ihn mit solchen Lappalien in Ruhe läßt. Endlich aber würde, wenn er anderer Ansicht wäre, der Zweikampf ihn in der Ausübung seiner Strafgewalt nicht im mindesten stören. Er kann die Beleidigung nach wie vor bestrafen und den Zweikampf noch obenein. Man müßte denn die Möglichkeit berücksichtigen, daß ihm durch Tödtung im Zweikampfe ein Strafobject entzogen würde. Der Vergleich mit dem Verbote der Selbsthülfe ist so unpassend wie möglich. Nur die *eigenmächtige* Selbsthülfe ist verboten, und zwar nicht im Interesse des Staats, sondern in dem des einzelnen Schwachen, der gegen die Willkür des Stärkeren geschützt werden soll. Der Zweikampf aber beruht nicht auf Eigenmacht, sondern auf Einwilligung. Die Berner-Hälschner'sche Theorie ist wirklich um nichts besser, als wenn man dem Staate zumuthen wollte, die Zahlungen bei Strafe zu verbieten, weil durch sie der Rechtsweg umgangen werde.

Gegen die zweite Ansicht habe ich weiter nichts einzuwenden, als daß nach Binding's zutreffender Bemerkung (Normen I S. 196, 197) die Begriffe „öffentliche Ordnung" und „öffentlicher Friede" von einer solchen Unbestimmtheit sind, daß damit so gut wie nichts gesagt ist.

Es bleibt nur die dritte Ansicht, welche ich auch, vorbehältlich einer präciseren Fassung, für die richtige halte.

Wenn man annimmt, daß der Zweikampf zum Schutze von Leib und Leben verboten sei, so hat man hierbei nicht an die Gefährdung dieser Interessen als ganz individueller durch den einzelnen Zweikampf, sondern an ihre Gefährdung als allgemeiner, d. h. im eigentlichen Sinne öffentlicher Interessen durch die Sitte des Zweikampfs zu denken. Ein Zweikampfsverbot im ersteren Sinne würde angesichts der Einwilligung ein Interessenschutz wider den ausdrücklichen Willen des Interessenten sein; dies aber ist, wie nachgewiesen, ein Unding. Es würde auch dem Gesetzgeber sicherlich nicht eingefallen sein, den Zweikampf zu verbieten, wenn dieser den Charakter bewahrt hätte, den er beispielsweise im classischen Alterthume gehabt hat. Er hat aber auf Grund gesellschaftlicher Anschauungen, deren Ursprung und Fortbildung bekannt ist, die Gestalt einer höchst eigenartigen Sitte gewisser Stände angenommen. Diese Sitte hält der Gesetzgeber, gleichviel ob mit mehr oder weniger Grund, für eine Unsitte, und sucht sie durch Strafbestimmungen zu unterdrücken. Als Unsitte zu erscheinen vermag der Zweikampf nur wegen der allgemeinen Gefährdung von Leib und Leben, welche durch die Sitte des Zweikampfes, nicht durch die einzelnen Fälle, hervorgerufen wird. Diese Sitte zwingt die Angehörigen gewisser Stände, bei Strafe des Verlustes der gesellschaftlichen Achtung Leib und Leben aus Gründen auf's Spiel zu setzen, welche sie persönlich vielleicht für durchaus ungenügend halten. Diesen Druck der Sitte versucht der Staat, freilich wohl mit unzulänglichen Mitteln, zu brechen, indem er den Zweikampf unter Strafe stellt. Eben deßhalb hat auch weder die That noch deren Bestrafung das mindeste Ehrenrührige an sich; den einzelnen Thäter trifft kein Vorwurf; es ist nur die Sitte oder Unsitte, gegen welche das Strafgesetz im öffentlichen Interesse reagiren will.

Es bleibt zu erörtern, in welchem Umfange dies Interesse geschützt worden sei. Verboten ist nur der Zweikampf „mit tödtlichen Waffen". Welche Bedeutung haben diese einschränkenden Worte? Oder, da über die anderen kein Streit ist: was heißt an dieser Stelle „tödtlich"?

Es giebt zwei Methoden, die Bedeutung eines einzelnen Gesetzeswortes festzustellen. Entweder man fragt: welche Bedeutung kommt dem Worte in dieser Verbindung nach lexikalischen, grammatikalischen und logischen Regeln zu? Diese legt man ihm bei, und dann bestimmt der Sinn des Wortes den Willen des Gesetzes. Oder man fragt: welche Bedeutung kommt dem Worte in dieser Verbindung zu nach dem Sinn und Zweck des ganzen Gesetzes? Diese legt man ihm, — wenn irgend möglich —, bei, und dann bestimmt der Wille des Gesetzes den Sinn des Wortes.

Erwägt man, daß eine solche Interpretationsfrage nur entstehen kann, wenn mehr als eine Bedeutung des Wortes in diesem Zusammenhange denkbar ist, so wird man es nicht für übertrieben halten, wenn ich behaupte: jene erste Methode ist für den Juristen absolut werthlos.

Man wird, wenn man daran geht, jenen schon einmal erwähnten idealen *einen* Gesetzgeber sich personificirt vorzustellen, die Entdeckung machen, daß er niemandem weniger ähnlich sieht als einem Professor der Sprachwissenschaft und Logik, oder überhaupt einem Professor; daß er sich vielmehr darstellt als ein Mann von sehr gesundem, *praktischen* Verstande, der überall nur das praktisch Nöthige im Auge hat, und es nach Kräften vermeidet, hergebrachte Anschauungen, wenn sie nur irgend tolerabel sind, vor den Kopf zu stoßen. Deßhalb hat man gar keinen Grund zu der Vermuthung, daß der Gesetzgeber ein mehrdeutiges Wort gerade in dem sprachwissenschaftlich und logisch correctesten Sinne gebraucht haben werde; man darf ihm ganz unbedenklich eine Ungenauigkeit des Ausdrucks, aber nicht ohne die zwingendsten Gründe eine praktisch anstößige Willensmeinung zutrauen.

In unserem Falle hätte man um so mehr Veranlassung gehabt, sich dies gegenwärtig zu halten, als man auf den ersten Blick erkennen konnte, daß das Wort „tödtlich" in seinem ganz eigentlich sprachgemäßen Sinne, in welchem es die effective Ursache des Todes bezeichnet, hier jedenfalls nicht gebraucht worden sei. Da konnte es doch auf ein bischen mehr oder weniger Uneigentlichkeit schwerlich ankommen. Gleichwohl hat man sich mit Vorliebe auf die lexikalisch-grammatikalisch-logische Methode geworfen. Wer sich in die umfangreiche Literatur und Judicatur vertieft, die wir über das Wort „tödtlich" im § 201 St.G.B. besitzen, kann dahin gelangen, den Unmuth begreiflich zu finden, aus welchem Kirchmann's Behauptung von der „Werthlosigkeit der Jurisprudenz als Wissenschaft" hervorgegangen ist.

Ich schlage den entgegengesetzten Weg ein, und gehe zunächst davon aus, daß der Gesetzgeber daran gedacht habe, der Gefährdung von Leib und Leben durch die herrschende Unsitte des Zweikampfes im öffentlichen Interesse entgegenzutreten. Sobald ich dann auf das Thatbestandsmerkmal des Gebrauchs tödtlicher Waffen für den strafbaren Zweikampf stoße, ist mir ohne Weiteres klar, daß der Gesetzgeber jenen Gedanken nur hinsichtlich der Gefährdung des Lebens habe verwirklichen wollen, und daß eben diese Beschränkung durch die fraglichen Worte ihren Ausdruck erhalten habe. Um mir den Sinn derselben deutlicher zu machen, erinnere ich mich daran, daß die einzige Veranlassung für den Gesetzgeber, sein Augenmerk auf den Zweikampf zu richten, darin besteht, daß dieser sich in Deutschland zu einer besonderen Sitte ausgeprägt hat. Ich darf ferner annehmen, daß dem Gesetzgeber die offenkundigen, alltäglichen Erscheinungen des gesellschaftlichen Lebens in seiner Heimath bekannt seien, ebenso die bis dahin herrschenden gesetzlichen Bestimmungen, und auch ob diese mit den rechtlichen Anschauungen und Bedürfnissen im Einklange stehn oder nicht, endlich daß der Gesetzgeber seine Gesetze auf alle diese Verhältnisse und nicht auf die Zustände eines Staates im Monde berechne. Nun sehe ich, daß zur Zeit des Erlasses des Strafgesetzbuchs ebenso wie noch heutigen Tages der Zweikampf in beachtenswerthem Umfange und als förmliche Sitte nur in zwei Arten in Deutschland vorkam und kommt, als ernsthaftes Duell und als der studentische Sport der Paukerei. Ich bemerke ferner, daß bis zum Inkrafttreten des Strafgesetzbuchs nur die erstere Art als ein Criminalverbrechen, die zweite als ein bloßes Disciplinarvergehen behandelt wurde, und daß eine Meinung, welche eine Aenderung dieses Rechtszustandes für erforderlich gehalten hätte, weder früher laut geworden war, noch bei den Berathungen über das neue Gesetz laut wurde. Erwäge ich endlich noch, daß der Unterschied zwischen Duell und Paukerei gerade darin besteht, daß das erstere bestimmungsgemäß das Leben gefährdet, während letztere subjectiv, d. h. nach der Absicht der Betheiligten, nie lebensgefährlich sein soll, und auch objectiv weit weniger lebensgefährlich ist als beispielsweise der Sport des Reitens, Schwimmens, Segelns ꝛc.: so muß ich bis auf Weiteres annehmen, daß der Gesetzgeber durch die Aufnahme der tödtlichen Waffen als Thatbestandsmerkmal gerade die gewöhnlichen Studentenpaukereien von seinen Strafbestimmungen habe ausschließen wollen.

Hiermit steht auch der Wortlaut des Gesetzes im besten Einklange. Tödtliche Waffe heißt dann diejenige, welche bei ihrer Anwendung im concreten Falle bestimmt ist, wenigstens eventuell tödtlich zu wirken. Es ist schwer zu verstehen, wie man die Bestimmung der Waffe in abstracto, d. h. den Zweck, zu welchem sie fabricirt worden, für das Entscheidende halten kann *); als ob die Strafbarkeit des Waffenfabrikanten, und nicht des Duellanten in Frage stände. Selbstverständlich ist auch dann eine Waffe zu tödtlicher Wirkung in concreto nicht bestimmt, wenn die Möglichkeit eines solchen Erfolges durch Schutzvorrichtungen nach menschlichen Kräften und mit Absicht ausgeschlossen worden ist. Daher ist eine Mensur auf Säbel mit Binden und Bandagen kein strafbarer Zweikampf. Umgekehrt kann das absichtliche Weglassen üblicher Schutzvorrichtungen eine in der regelmäßigen Anwendung nicht tödtliche Waffe zur tödtlichen machen. Eine Schlägermensur ohne Binden und Bandagen hat stets für eine lebensgefährliche gegolten.

Es müßten sehr gewichtige Gegengründe beigebracht werden, damit man Ursache hätte von einer so wohl fundamentirten, durch ein völlig sachgemäßes Resultat gekrönten Interpretation abzugehn. Und nun sehe man sich einmal die Begründung des neuesten reichsgerichtlichen Plenarerkenntnisses an (Entsch. VIII S. 87 ff.), welches den Schläger unter allen Umständen für eine tödtliche Waffe erklärt. Der einzige beachtenswerthe Grund dieser Entscheidung ist der, daß eine entgegengesetzte Ansicht zu der unerträglichen Consequenz führen würde, Verwundungen bei Studentenmensuren als gemeine Körperverletzungen zu bestrafen. Und dieser Grund fällt mit der irrigen Voraussetzung, daß das „volenti non fit injuria“ bei der Körperverletzung nicht gelte, hinweg.

Daß dies Resultat der neuesten Judicatur des Reichsgerichts,

---

*) So z. B. Kronecker (Ger. S. XXXV S. 231).

die harmloseste Paukerei als ein mit Festungshaft nicht unter drei Monaten bedrohtes Criminalverbrechen, dem der früheren kaum wesentlich vorzuziehn sei, darüber herrscht, soweit ich sehe, Einstimmigkeit. Den deßhalb erhobenen Ruf nach Aenderung des Gesetzes halte ich aber mit Rödenbeck (a. a. O. S. 8) für unbegründet. Nicht im Gesetze, sondern in der Rechtsprechung und in der Theorie, welche diese leitet, steckt der Fehler.

Das Resultat meiner Auslegung des Reichsrechts geht also dahin: diejenigen Fälle des Zweikampfes, in welchen nach der Beschaffenheit der gebrauchten Angriffs- und Schutzwaffen der Vorsatz der Lebensgefährdung anzunehmen ist, unterliegen den §§ 201 ff. St.G.B.; in allen anderen Fällen ist der Zweikampf straflos, welches auch immer seine Folgen gewesen sein mögen. In letzterer Hinsicht ist hervorzuheben, daß eine vorsätzliche Tödtung im straflosen Zweikampfe unmöglich ist. Da hier die vereinbarte Art der Waffenanwendung den Vorsatz der Lebensgefährdung ausschließt, so kann eine vorsätzliche Tödtung nur durch eine vereinbarungswidrige Anwendung bewirkt werden; dann aber ist sie nicht im Zweikampfe, sondern bei Gelegenheit des Zweikampfes erfolgt. Von der Möglichkeit eines Zweikampfes auf Erwürgen mit bloßen Händen und Aehnlichem sehe ich hierbei ab. Derartiges kommt in Deutschland nicht vor. Geschähe es, so würde ich dafür sein, das Zuchthaus unter die Strafen des Zweikampfes aufzunehmen; natürlich nicht zum Schutze der Bestien, die sich auf solche Zweikämpfe einließen, sondern des öffentlichen Interesses, welches in seinem sittlichen Empfinden durch eine solche Bestialität anders berührt werden würde als durch eine im Affecte des Mitleids verübte That.

Die Frage, ob die Landesgesetzgebung befugt sei, Strafbestimmungen für den Zweikampf ohne tödtliche Waffen zu treffen, hat für diese Abhandlung kein Interesse. Ich bejahe sie unbedenklich, meine aber, daß man von dieser Befugniß keinen anderen Gebrauch machen sollte, als die Paukereien dem Einschreiten der akademischen Disciplinarbehörden zu überlassen. Vor diese gehören sie, und nicht vor den Criminalrichter, der mit ernsteren Dingen zu thun hat.

Nur flüchtig berühren will ich noch die Frage, wie es mit der Einwilligung des Verletzten bei Fahrlässigkeitsvergehen zu halten sei. Nicht als ob ich sie für eine juristisch uninteressante oder keiner Erörterung bedürftige hielte; sondern im Gegentheile, weil ihre Erörterung, wenn sie irgend auf Gründlichkeit Anspruch machen wollte, wegen der Nothwendigkeit eines näheren Eingehens auf den difficilen Begriff der Fahrlässigkeit weit über den Rahmen dieser Abhandlung hinausgehen würde.

Was ich über diese ebenso interessante wie praktisch wichtige Frage von Literatur aufzufinden vermocht habe, beschränkt sich auf folgende, wohlgezählte acht Worte Schaper's (Holtzend. Hdb. II S. 131): „mit Vergehen aus Fahrlässigkeit ist die Einwilligung unvereinbar". Welche Gründe Schaper für diese Ansicht haben mag, bin ich außer Stande zu errathen; jedenfalls halte ich sie für irrig.

Die Strafgesetze gegen culpose Handlungen bezwecken das Nämliche wie die gegen dolose: Interessenschutz durch Abschreckung von gefährlichen Handlungen. Ich kann mich nicht mehr entsinnen, bei welchem Autor ich die Behauptung gefunden habe, die Abschreckung von Fahrlässigkeitsvergehen sei undenkbar; sicher ist, daß diese Behauptung von erstaunlich wenig Nachdenken zeugte. Die Sache ist doch sehr einfach. Weßhalb geht jedermann mit seinem eigenen lieben Leibe so fürsorglich um? Weil er weiß, daß Unvorsichtigkeit in dieser Beziehung Schmerzen und Leiden für ihn nach sich ziehen kann. Von der Unvorsichtigkeit bezüglich fremder Leiber weiß er aber von Natur das Gegentheil. Um ihn zur Vorsicht in dieser Hinsicht zu bewegen, ist es daher empfehlenswerth, ihm auch für den Fall der Unvorsichtigkeit gegen Andere Uebel für ihn selbst künstlich in Aussicht zu stellen. Das thut das Gesetz durch Androhung von Strafen für Fahrlässigkeit, und zwar mit ausgezeichnetem Erfolge. Ich würde keine Neigung haben, mich in ein Eisenbahncoupé zu setzen, wenn die Fahrlässigkeit der Weichensteller straflos wäre.

Gerade bei den Fahrlässigkeitsvergehen tritt sogar der wahre Zweck aller Strafe am handgreiflichsten zu Tage. Es gehört zu den unerfreulichsten Officien des Criminalrichters, in solchen Fällen für eine harte Strafe votiren zu müssen. Von einer „Genugthuung" für das Rechtsgefühl ist da nicht das Mindeste zu spüren. Man hat zuweilen das herzlichste Mitleid mit dem armen Teufel von Bahnbeamten, den man mit seiner Familie unglücklich machen muß. Von einer „Sühne" des angerichteten Unglücks durch Einsperren des absichtslos daran schuld Gewordenen zu reden, würde doch mehr als erlaubter Nonsens sein.[10]) Nur der Gedanke an die Noth=

[10]) Ich will an dieser Stelle mit der Bemerkung nicht zurückhalten, daß von allen in der Straftheorie aufgetauchten schiefen und unklaren Begriffen der

wendigkeit, dem Gesetze seine unentbehrliche Abschreckungskraft durch rücksichtslose Anwendung zu erhalten, vermag den Richter in solchen Fällen zur pflichtmäßigen Strenge zu bestimmen.

Hiernach sind die gesetzlichen Bedingungen für die Wirksamkeit der Einwilligung des Verletzten bei den Fahrlässigkeitsvergehen, insbesondere bei fahrlässiger Tödtung oder Körperverletzung, ganz die nämlichen wie bei vorsätzlichen Verbrechen. Ich vermag auch nicht einzusehen, weßhalb bei jenen die Einwilligung faktisch unmöglich sein sollte. Man muß festhalten, es kommt auf die Einwilligung in die Handlung an, nicht in den Erfolg. Von einem Falle dieser Art berichteten unlängst die Zeitungen aus Amerika. Ein öffentlich auftretender Kunstschütze hatte bei einem Tellschusse statt des Apfels den Schädel seines Gehülfen getroffen. Der amerikanische Richter hat ihn freigesprochen. Ich glaube der deutsche hätte dasselbe thun müssen; denn eine Ausnahmebestimmung für fahrlässige Tödtung eines Einwilligenden nach Art des § 216 haben wir nicht; und man darf sich nicht durch den Gedanken irreleiten lassen, daß es sehr angebracht sein möchte, derartige sittlich corrumpirende Schaustellungen im öffentlichen Interesse schlechterdings zu verbieten.

Man wird aber gerade den Fahrlässigkeitsvergehen gegenüber den Begriff der ächten Einwilligung sehr scharf in's Auge zu fassen haben. Namentlich ist sie nicht zu verwechseln mit der concurrirenden eigenen Fahrlässigkeit des Verletzten. Der Fahrlässige willigt deßhalb noch nicht allemal in die gefährliche Handlung des Anderen ein. Im Gegentheil, je fahrlässiger Einer selbst ist, um so stärker ist sein Interesse, also auch sein präsumtiver Wunsch, daß nicht auch die Anderen fahrlässig mit ihm umgehen. Auch sind bei wirklich erklärter Einwilligung deren Grenzen genau zu beachten. Wenn bei einer Schlägermensur ein Paukant aus Ungeschicklichkeit mit der Waffe eine Stoßbewegung macht, und den Gegner in's Auge trifft, so liegt eine strafbare Fahrlässigkeit vor; denn nur in das Schlagen, nicht in das Stechen war eingewilligt worden.

---

der Sühne mir der unleidlichste zu sein scheint. Das Wort ist gleichbedeutend mit Versöhnung. Es kann demnach, als Zweck der Strafe genannt, sowohl die altdeutsche compositio wie den altheidnischen Begriff des den erzürnten Göttern gebrachten Opfers bezeichnen. Weder von der einen noch von der anderen Vorstellung kann im modernen Strafrechte mehr die Rede sein. Man denkt sich daher bei dem Worte Sühne meistens wohl gar nichts, oder günstigsten Falls ein verschwommenes Mittelding zwischen Rache und Schadensersatz.

Man könnte sich versucht fühlen, in dem Falle des Kunstschützen ähnlich zu argumentiren: die Einwilligung bezog sich nur auf das Schießen bei genauer Richtung der Pistole auf den Apfel, nicht bei ihrer Richtung auf den Schädel. Dabei würde man jedoch übersehen, worin die Fahrlässigkeit des Schützen bestand. Nicht daß er losdrückte, als das Korn um ein Minimum zu tief in der Kimme des Visirs stand, war fahrlässig; denn was dem Geschicktesten bei Anspannung aller Aufmerksamkeit passiren kann, ist keine Fahrlässigkeit. Daß er es überhaupt unternahm, so hart an einem lebenden Menschen vorbeizuschießen, dadurch handelte er, und zwar im höchsten Grade, fahrlässig. In diese Handlung aber hatte der Verletzte eingewilligt.

---

§ 7.

Die einzelnen Erfordernisse der Einwilligung.

Die im § 2 gegebene allgemeine Definition der Einwilligung kann jetzt, unter Hinzunahme der Begriffe des Interesses und des Verletzten, ergänzt werden zur Definition der strafrechtlich erheblichen Einwilligung. Es ist die Einwilligung in diesem Sinne *die erklärte Uebereinstimmung des Willens einer Person mit der, abgesehen von dieser Erklärung, zum Schutze eines Interesses des Erklärenden bei Strafe verbotenen Handlung eines Anderen.*

Es bleibt noch übrig die einzelnen, theils in die Definition mitaufgenommenen, theils anderweit aus dem Rechte sich ergebenden Voraussetzungen für die strafausschließende Wirkung einer solchen Erklärung zu erläutern.

1) Daß es, außer dem noch zu besprechenden Falle der Unmündigkeit, nur auf die Erklärung des Interessenten oder des Verletzten im technischen Sinne ankomme, daß diese mithin wie einerseits erforderlich, so andererseits genügend sei, würde ich nicht nochmals hervorheben, wenn ich nicht sähe, wie so gänzlich Schaper dies verkannt hat.

Unter den Fällen der „Wirkungslosigkeit der Einwilligung wegen mangelnder Verfügungsfähigkeit des unmittelbar Verletzten“ führt er (Holtzend. Hdb. II S. 129, Anm. 3 c.), mit Berufung auf

§ 196 St.G.B., die „Beleidigung von Beamten" auf. Er meint also, wenn ein Beamter in eine für ihn in Beziehung auf seinen Beruf beleidigende Handlung, z. B. eine derartige verläumderische Insertion in eine Zeitung, eingewilligt habe, was ja aus politischen und anderen Motiven geschehen könnte, so liege gleichwohl eine auf Antrag des Vorgesetzten, vielleicht sogar des Beamten selbst, zu strafende Beleidigung vor.

Das Strafgesetzbuch gewährt principiell das Antragsrecht nur dem Verletzten, d. h. bei der Beleidigung dem Beleidigten, bei der Mißhandlung dem Mißhandelten, in diesen beiden Fällen ausnahmsweise und ausdrücklich auch anderen Personen, z. B. dem Vorgesetzten des verletzten Beamten. Wenn ohnedem irgend Zweifel möglich wären, daß solche in zweiter Linie interessirte Personen nicht als Verletzte im Sinne des Gesetzes anzusehen seien, daß also durch die einem Briefträger gegebene Ohrfeige nicht der Reichspostmeister injuriirt werde, so würden sie durch die erwähnten ausdrücklichen Gesetzesbestimmungen gehoben sein. Denn sähe das Gesetz jene Personen als Verletzte an, so würden sie das Antragsrecht schon kraft des § 65 St.G.B. haben, und jene besonderen Bestimmungen überflüssig sein. Dies und den bekannten Grundsatz der Logik, daß die conversio simplex bei allgemein bejahenden kategorischen Urtheilen unzulässig sei, hat Schaper aus den Augen gelassen, als er den Rechtssatz: wer verletzt ist, hat das Antragsrecht, umkehrte in den: wer das Antragsrecht hat, ist verletzt, und hieraus weiter folgerte, daß auch die Einwilligung jedes Neben-Antragsberechtigten erforderlich sei, um die Strafbarkeit einer Handlung auszuschließen. Es würde vielmehr in dem oben erwähnten Beispiele eine Beleidigung des Beamten ebenso wenig vorliegen, wie wenn er selbst Verfasser und Einsender des Schmähartikels gewesen wäre. Ist aber keine Beleidigung vorhanden, so vermag auch der Strafantrag des Vorgesetzten keine zu schaffen. Disciplinarisch mag man gegen den ehrvergessenen Beamten einschreiten; criminell ist er so wenig zu bestrafen wie sein Kumpan. Voraussetzung hierbei ist natürlich, daß nur der Beamte, nicht auch die vorgesetzte Behörde beleidigt sei.

2) Die Einwilligung ist eine Willenserklärung, bedarf mithin der äußerlichen Manifestation durch irgend eine entsprechende Handlung (Wort oder thatsächliches Verhalten). Es gelten darüber die allgemeinen Regeln.

Daß sie Willenserklärung sei, folgt daraus, daß das Recht ihr eine Wirkung beilegt. Sie zieht zwar, ebenso wie die Vollmacht, unmittelbar und für sich allein keinerlei rechtliche Folgen, namentlich keine Veränderung in den bestehenden Rechtsverhältnissen, nach sich; aber sie schließt, wenn die Handlung, auf welche sie gerichtet war, geschehen ist, das Einschreiten der staatlichen Strafgewalt aus, welches ohne sie den Handelnden getroffen haben würde. Sie thut dies, wie ich gezeigt habe, kraft des Willens des Strafgesetzes selbst. Da nun der Mensch auch in der Rechtswelt nie durch bloße Vorstellungen, sondern nur durch Willensacte zu wirken vermag, und da der Unterschied zwischen beiden eben in der Manifestation des Willens durch die Handlung besteht: so ergiebt sich auch für die Einwilligung die Nothwendigkeit der Erklärung.

Ich enthalte mich einer genaueren Ausführung dieses Punktes, da ich bei ihm principiellen Widerspruch nicht zu erwarten habe, und natürlich nicht beabsichtige, die gesammte, difficile Lehre vom Wesen der rechtlichen Willenserklärung hier nebenher abzuhandeln. Uebersehen, oder momentan vergessen hat allerdings, wie mir scheint, Binding dieses Erforderniß der Einwilligung, wenn er (Normen I S. 152) bemerkt, „daß der vermeintliche Dieb, wenn der Eigenthümer der Sache sie im Momente der Apprehension derelinquire, durch diesen Willküract zum Nichtdieb gemacht werde." Eine civilrechtlich wirksame Dereliction ist unter solchen Umständen nicht möglich (cf. § 47 J. de R. D. 2, 1, L. 7 § 1 D de A. v. A. P. 41, 2, L. 3 D. pro derel. 41, 7). Da nun Binding eine Schenkung nicht supponirt, so scheint er den Diebstahl schon dadurch für ausgeschlossen zu halten, daß der den Dieb beobachtende Eigenthümer im Apprehensionsmomente bei sich denkt: nun, er mag es hinnehmen. Ein solches bloßes Denken würde aber bedeutungslos sein, auch wenn es durch das eidliche Zeugniß des Bestohlenen festgestellt würde.[1]) Der Mann würde gar nicht in der Lage sein, zu beschwören, daß er eingewilligt, sondern nur, daß er an eine Einwilligung gedacht habe. So lange der Entschluß sich nicht durch die Handlung geäußert hat, ist eben noch kein Wille da. Das Recht nimmt es aus guten Gründen bei der Willenserklärung mit dem Wollen psychologisch ganz streng. Man habe etwas erklären wollen, kann man nur sagen, wenn man es wirklich erklärt hat.

3) Aus dem Charakter der Einwilligung als Willenserklärung

---

[1]) Cf. L. 91 D. de furtis 47, 2.

ergiebt sich für die Person des Erklärenden das Erforderniß der Willensfähigkeit oder, was das Nämliche besagt, Handlungsfähigkeit im Rechtssinne. Auch in dieser Beziehung gelten die allgemeinen Grundsätze. Hervorzuheben ist, daß die Altersgränze durch das siebente Lebensjahr bezeichnet wird, nicht etwa nach § 55 St.G.B. durch das zwölfte. Die Einwilligung in eine Handlung, welche ohne sie ein Verbrechen sein würde, ist nicht ihrerseits ein Verbrechen; es kommt deßhalb nur auf die allgemeine, nicht auf die specifisch criminelle Handlungsfähigkeit des Einwilligenden an.

4) Ist außer der Handlungsfähigkeit noch eine mit einem gewissen Alter verknüpfte Dispositionsfähigkeit des Einwilligenden erforderlich?

Schaper (a. a. O. S. 130) verlangt die Großjährigkeit. Dies beruht auf dem immer wieder zurückzuweisenden Hereinziehen civilistischer Begriffe. Freilich können durch Rechtsgeschäfte Veränderungen des Rechtszustandes hervorgerufen werden, welche Verbrechensmöglichkeiten ausschließen, die bis dahin vorlagen. Die Gültigkeit solcher Geschäfte richtet sich nach den Grundsätzen des Civilrechts, welches für Veräußerungen und Verpflichtungen die Großjährigkeit des Handelnden verlangt. Ich habe aber dargelegt, daß man das Wesen der Einwilligung total verkennt, wenn man sie mit solchen Rechtsgeschäften zusammenwirft. Schaper selbst gesteht ihr bei leichten Körperverletzungen strafausschließende Kraft zu. Wie sollte es in einem solchen Falle darauf ankommen, ob der Einwilligende 20 oder 21 Jahre alt sei?

Andererseits würde es nicht nur zu praktisch anstößigen Resultaten führen, sondern auch theoretisch verkehrt sein, wenn man mit der Vollendung schon des siebenten Lebensjahres die unbeschränkte Einwilligungsfähigkeit eintreten ließe. Man darf es als einen allgemeinen Grundsatz des Rechts behaupten, daß für Dispositionen zu Ungunsten des Disponenten das Alter der bloßen Willensfähigkeit nicht genüge. Und die Einwilligung ist eine Disposition dieser Art. Zwar beraubt sie den Einwilligenden keines Rechts und legt ihm keine Verpflichtung auf; aber sie giebt ein geschütztes Interesse nach einer gewissen Richtung hin preis; sie öffnet eine vom Gesetzgeber angelegte Pforte in der Mauer des Strafrechts, welche das Interesse des Einzelnen zum Schutze gegen fremde Eingriffe umgiebt.

So gewiß man indessen hiernach für die Einwilligungsfähigkeit ein höheres Alter als das überschrittene siebente Lebensjahr erfordern muß, so sicher ist es meines Erachtens, daß der Gesetzgeber eine feste Altersgrenze nicht gezogen hat, und daß die Doctrin diese scheinbare Lücke nicht durch eine beliebige Analogie ausfüllen darf. Viel näher als die der Großjährigkeit würde die der Antragsmündigkeit nach § 65 St.G.B. liegen. Bei der tiefgehenden Verschiedenheit von Antrags- und Einwilligungsbefugniß würde aber auch diese Analogie auf Willkür hinauslaufen. Zudem erscheint es sehr fraglich, ob der Gesetzgeber nicht absichtlich und mit gutem Grunde die Altersgrenze unbestimmt gelassen habe. Im Gebiete des Civilrechts ist zur Sicherung des Rechtsverkehrs eine feste Grenze unbedingt nothwendig; bei der strafrechtlichen Einwilligungsbefugniß würde sich nur das Gewaltsame, nicht das Wohlthätige einer solchen Fixirung fühlbar machen.

Die Frage stellt sich hiernach für die Einwilligung im Allgemeinen ganz ebenso wie für den specialisirten Fall des § 216, und ich beantworte sie in wesentlicher Uebereinstimmung mit dem, was Holtzendorff (Hdb. III S. 447) zur Auslegung dieses Paragraphen bemerkt, dahin: es ist quaestio facti; man hat die Persönlichkeit des Einwilligenden, die Art des preisgegebenen Interesses und die begleitenden Umstände in Betracht zu ziehen, um danach zu beurtheilen, ob eine rechtlich beachtbare Willenserklärung vorliege; in dubio pro reo.

Etwas zu weit scheint mir Holtzendorff zu gehen, wenn er sagt: „die Anwendung des § 216 ist bei Minderjährigen, Unmündigen und Geisteskranken nicht absolut ausgeschlossen.“ Die Einwilligung des Geisteskranken halte ich, wie schon unter 3 bemerkt, bei jeder Handlung für wirkungslos. Unbedenklich steht aber dem Thäter, welcher den Geisteskranken für gesund hielt, der § 59 St.G.B. zur Seite.

In Beziehung auf den § 216 verneint das letztere Binding (Normen II S. 513). Er verlangt in solchem Falle, wie überhaupt bei irriger Annahme der Voraussetzungen dieses Paragraphen seitens des Thäters, die Verurtheilung wegen Mordes. Eine ausführliche Widerlegung dieser, soweit ich sehe, von niemandem gebilligten Ansicht würde hier nicht am Platze sein. Ich bezweifle übrigens, ob Binding im Ernstfalle ein solches Todesurtheil mit der Aussicht, es vollstreckt zu sehen, aussprechen würde. Auf dem Papiere ist es leichter, einer Theorie zu Liebe Unschuldige zu köpfen. Binding brauchte auch meines Dafürhaltens von dem werthvollen Kerne seiner Theorie nichts abzubrechen, um eine solche unhaltbare Consequenz zu vermeiden.

5) Findet in den Fällen der Einwilligungsunmündigkeit, welche sich aus Obigem ergeben, eine vormundliche Vertretung statt?

Im Allgemeinen ist dies zu verneinen. Ausdrücklich angeordnet ist sie nirgends; und da die ächte Einwilligung kein Institut des Rechtsverkehrs ist, liegt auch kein generelles Bedürfniß einer derartigen Anordnung vor. Nur in einer bereits erwähnten speciellen Beziehung besteht dies Bedürfniß und ist es auch rechtlich anerkannt. In dem Erziehungsrechte ist die Befugniß enthalten, über gewisse Güter des Zöglings, Freiheit (Wahl des Aufenthalts), leibliches Wohlbehagen (Züchtigungsrecht) und selbst Körperintegrität in dessen Interesse auch gegen den Willen des Zöglings zu disponiren. Von dieser Befugniß wird bei der Behandlung eines kranken Zöglings Gebrauch macht. Die Einwilligung des Erziehungsberechtigten in Operationen 2c. ersetzt die des Zöglings.

Das Nähere über Entstehung und Beendigung des Erziehungsrechtes gehört nicht hierher. Nur will ich daran erinnern, daß auch gegenüber großjährigen Geisteskranken eine ganz analoge, wenn auch nicht füglich als Erziehungsrecht zu bezeichnende, Befugniß ihrer Pfleger besteht.

6) Die Einwilligung muß der Handlung vorausgehen. Nur wenn das Interesse schon preisgegeben war, konnte es nicht verletzt werden.

Dies ist ein wesentlicher Unterschied zwischen Einwilligung und Vollmacht; das „ratihabitio mandato comparatur“ gilt hier nicht. Eine nachträglich erklärte Einwilligung würde nur die Bedeutung einer Privatverzeihung haben, welche das Strafrecht bekanntlich principiell nicht respectirt.

Der tiefere Grund für letzteres liegt darin, daß die Normen, durch welche der Staat den Organen der Strafjustiz die Verfolgung der Verbrecher befiehlt, ein im eigentlichen Sinne öffentliches Interesse schützen, das schon einmal erwähnte des Publikums an der stricten Anwendung der Strafgesetze zur Erhaltung ihrer abschreckenden Kraft. Nur in einigen besonders gearteten Fällen hat der Staat die Wahrung dieses öffentlichen Interesses vom Belieben des einzelnen Verletzten abhängig gemacht. Es sind dies die Antragsdelicte. Das Unterlassen des Antrags oder der ausdrückliche Verzicht auf denselben bewirkt hier anscheinend das Nämliche wie die vorangegangene Einwilligung. Ich halte es aber nicht für nöthig, die rechtliche Verschiedenheit beider nochmals darzulegen.

Auch dieses Erforderniß der zeitlichen Priorität hatte Binding übersehen, als er das vorhin besprochene Diebstahlsbeispiel formirte. Selbst wenn ich nicht im Momente der Apprehension, sondern schon einen Augenblick vorher dem Diebe die Sache, auf welche es abgesehen war, großmüthig durch ausdrückliche Erklärung schenke, kann ich dadurch den begangenen Diebstahlsversuch weder ungeschehen noch straflos machen.

7) Die Einwilligung muß gegeben werden mit dem Bewußtsein aller für das Interesse des Einwilligenden wesentlichen Eigenschaften der in Aussicht genommenen Handlung.

Wenn in dem Beispiele, von welchem ich ausgegangen bin, der A die Schußwaffe des B irriger Weise für eine Schrotflinte hielt, und seine Einwilligung gab, weil er überzeugt war, der Schuß werde so weit nicht tragen, so hat er in den Büchsenschuß, der das Object erreicht, nicht eingewilligt. Wer bei einem Rencontre in den Gebrauch des Degens, den der Gegner zieht, einwilligt, hat dieses nicht mit Wirksamkeit gethan, wenn dessen Spitze sich als vergiftet erweist. Und was dergleichen mehr.

Dies festzuhalten kann praktisch sehr wichtig sein. Ob eine solche scheinbare Einwilligung den dolus des Anderen ausgeschlossen habe, eventuell ob dieser wegen Fahrlässigkeit strafbar geblieben sei, ist nach allgemeinen Grundsätzen zu entscheiden.

8) Muß die Einwilligung zur Kenntniß des Thäters gekommen sein, um ihn straflos zu machen?

Die herrschende Meinung verneint diese Frage (z. B. Schütze Lehrb. § 33 Anm. 8, Binding Normen II S. 558); sie ist aber zu bejahen.

Die Begründung, daß das aufgegebene verzichtbare Recht nicht mehr tauglicher Gegenstand einer Rechtsverletzung sei, läßt erkennen, daß man nur solche Fälle im Auge hat, die unter den Begriff der ächten Einwilligung nicht gehören. Wer eine derelinquirte Sache, die er für fremdes Eigenthum hält, in diebischer Absicht wegnimmt, begeht allerdings nur ein sogenanntes Putativdelict; und deßhalb ist er straflos, nicht aber weil der frühere Eigenthümer zu dieser Handlung, von der er nichts weiß, und die er vielleicht aus moralischen Gründen auf's höchste mißbilligen würde, seine Zustimmung ertheilt hätte. Ebenso liegt der Fall bei der diebischen Wegnahme einer Sache, die der Eigenthümer dem Betreffenden ohne dessen Wissen geschenkt hatte, vorausgesetzt, daß das Civilrecht einen solchen einseitigen Act als wirksame Schenkung anerkennt. Andernfalls würde die einseitig erklärte Schenkungsabsicht den Wegnehmenden nicht straflos machen. Denn eine Acceptation der Schenkungsofferte würde in dieser Wegnahme offenbar nicht liegen; und in jener Erklärung, schenken zu wollen, würde eine Einwilligung des Eigenthümers in die diebische Wegnahme so wenig gefunden werden können, daß ihm eher die Neigung zuzutrauen sein dürfte, um dieser Handlung willen jene Erklärung zu widerrufen.

Man hat sich für die Beantwortung der Frage den Begriff der ächten Einwilligung gegenwärtig zu halten, insbesondere, daß diese schlechterdings keine den Einwilligenden bindende Kraft besitzt, daß sie vielmehr nur deßhalb von Bedeutung ist, weil das Gesetz kein Interesse gegen den ausdrücklichen Willen des Interessenten schützen kann. Die Sicherheit seiner eigenen und ausschließlichen Disposition will aber das Gesetz dem Interessenten auch voll und ganz gewähren. Daraus folgt, daß die noch nicht zur Kenntniß des Adressaten gelangte Einwilligungserklärung keine Wirkung haben darf; ja daß sie überhaupt noch keine Erklärung, sondern nur der erste Schritt zu einer solchen ist.

Man nehme folgendes Beispiel. A wird in seinem Jagdreviere häufig durch den überlaufenden Hund des Nachbars B belästigt. Das bezügliche Provinzialrecht gestattet es nicht, überlaufende Hunde zu erschießen. A schickt eines Tages einen Boten zu B und läßt ihm sagen, er möge den Hund besser verwahren, sonst werde A denselben bei nächster Gelegenheit todtschießen. B giebt zur Antwort, A möge das nur thun, es sei ihm an dem Thiere nichts gelegen. Kaum ist der Bote fort, so gereuet es den B und er schickt einen anderen hinterdrein, um seine Erklärung zu widerrufen. Der zweite Bote holt den ersten unterwegs ein; aber in der Zwischenzeit hat A im Aerger den Hund eigenmächtig erschossen. Soll die That straflos sein? Oder soll es etwa gar darauf ankommen, ob der Schuß gefallen, bevor, oder nachdem B seine Erklärung an den ersten Boten abgegeben?

Stände eine civilrechtliche Veräußerung des Hundes in Frage, dann könnte letzteres allerdings, je nachdem man über die Lehre vom Vertragsschlusse unter Abwesenden denkt, von Bedeutung sein.

Da hier aber civilrechtliche Gesichtspunkte nicht in Betracht kommen, ist A unter allen Umständen für strafbar zu erklären. Seine Straflosigkeit würde dem Zwecke des Gesetzes, den Eigenthümer davor zu sichern, daß ohne seinen Willen seine Sachen von Unbefugten zerstört werden, schnurstracks zuwiderlaufen.

Man muß sogar noch weiter gehen. Nicht jede irgendwie erlangte Kenntniß von der Einwilligung genügt, sondern sie muß mit dem Willen des Berechtigten erlangt, mit anderen Worten: die Einwilligungserklärung muß nicht nur zu Ohren des Thäters gekommen, sondern auch an ihn gerichtet gewesen sein. Auch dies folgt aus dem Charakter der Einwilligung als eines Dispositionsactes und aus dem Zwecke des Strafgesetzes, die Ausschließlichkeit der Dispositionsbefugniß des Berechtigten nach dieser bestimmten Richtung hin zu sichern. Spricht jemand seine Einwilligung aus, aber unter der Voraussetzung, daß der in Aussicht genommene Thäter dies nicht erfahren werde, so liegt überhaupt keine Einwilligung, sondern nur das Reden von einer solchen vor. Die etwa auf Grund eines hinterbrachten derartigen Geredes vollführte That bleibt strafbar. Hat freilich der Thäter im guten Glauben an eine für ihn bestimmte Einwilligungserklärung gehandelt, so ist er selbstverständlich straflos, aber nicht wegen vorhandener Einwilligung, sondern wegen mangelnden dolus.

Sehr interessant, wenn auch für den Criminalisten nicht mehr von unmittelbar praktischer Bedeutung, ist die Behandlung, welche diese specielle Frage bei den römischen Juristen gefunden hat. Man erörterte sie in der Lehre vom furtum, und zwar auch vom furtum ipsius rei. Die alten Römer waren aber viel zu elegante Juristen, um gleich den Modernen für die Wirksamkeit civilrechtlicher Geschäfte sich auf das „volenti non fit injuria“ zu berufen. Da bedurfte es denn schon eines recht absonderlich gearteten Falles, um bei dem furtum ipsius rei von einer dem Diebe unbekannt gebliebenen Einwilligung des Eigenthümers reden zu können. Gajus (III § 198) hat uns das alte Schulbeispiel aufbewahrt, über welches Sabinianer und Proculianer zu streiten pflegten. Titius beredet den Sclaven des Maevius, seinen Herrn zum Vortheile des Titius zu bestehlen. Der ehrliche Sclave theilt dieses dem Maevius mit, und dieser gestattet ihm die Wegnahme und Überlieferung der Sache an den Titius, um diesen zu attrapiren. Die Sabinianer hielten die actio furti für ausgeschlossen, weil Maevius in die Wegnahme der Sache eingewilligt habe. Auch die schon einmal erwähnte Ulpianische Stelle (L. 46 § 8 D. de furt. 47, 2), welche vom furtum usus redet, dürfte auf diese Sabinianische Lehrmeinung zurückzuführen sein. Justinian hat sich in der const. 20 C. de furtis 6, 2, mit ausdrücklicher Erwähnung des alten Schulstreites, für die entgegengesetzte Ansicht entschieden, wie ich meine, mit vollem Rechte. Maevius hatte dem Titius keine Einwilligung dazu gegeben, daß dieser ihm die Sache lucri faciendi gratia entziehe. Die Handlungsweise des Titius fällt daher unter den Begriff des furtum.

Die Frage liegt nach heutigem Rechte nicht anders, da die Sclavenqualität der Mittelsperson für die Entscheidung ohne Einfluß ist. Nur erscheint sie wegen der positivrechtlichen scharfen Abgrenzung unserer Verbrechensbegriffe etwas schwieriger. Als Anstifter oder Hehler, woran man zunächst denken möchte, kann Titius nicht bestraft werden, weil die Handlung des Wegnehmenden nicht strafbar ist. Ich würde kein Bedenken tragen, ihn als Dieb zu bestrafen; was anscheinend auch der herrschenden Meinung entspricht (cf. Oppenhoff Comm. § 47 Note 3). Dies näher zu erörtern hat für mein Thema kein Interesse.

9) Die Einwilligung muß zur Zeit der Handlung fortdauern, oder, wie Holtzendorff (Hdb. III S. 447) in Bezug auf den § 216 St.G.B. es correcter ausdrückt: „es muß zwischen der Tödtung und dem Tödtungsbegehren ein unmittelbarer zeitlicher Zusammenhang bestehen."

Der nächste Grund hierfür liegt in der Unverbindlichkeit der Einwilligung, der tiefere in den Begriffen des Interesses und des Guts.

Ein Gut ist für den Menschen nicht nur das, was er im Augenblicke als wesentlich für sein geistiges und leibliches Wohlsein empfindet, sondern Alles in der Welt, was für sein Wohlsein von Bedeutung werden kann. Jede Thatsache, die in den Zustand dieser möglicherweise für ihn bedeutsamen Verhältnisse ändernd eingreift, berührt eines seiner Interessen. Nur darf man diesen unendlich weiten Kreis der factischen Interessen des Einzelnen nicht verwechseln mit dem verhältnißmäßig sehr engen seiner rechtlich geschützten und dem noch viel engeren der speciell und ausschließlich zu seinen Gunsten geschützten Interessen. Innerhalb dieses engsten Kreises kommt es aber, wie bereits einmal hervorgehoben, für das Vorhandensein des Interesses, und mithin für den Eintritt des Rechtsschutzes, ebenso wenig wie in jenen weiteren auf das actuelle Bewußtsein des Interessenten an. Nur soweit und solange seine positive Willensrichtung ein virtuelles Interesse actuell von sich weist, hört es auf als sein Interesse zu existiren. Es kann dieses nur geschehen in Folge eines Widerstreits seiner virtuellen, gleichviel ob rechtlich geschützten oder nicht geschützten, Interessen, in welchem das eine über das andere siegt.

Jedermann hat ein Interesse daran, daß niemand auf ihn schieße; das Gut dieses Interesses ist das Leben und leibliche Wohlbefinden. Es hat aber auch Mancher ein Interesse daran, daß Alles geschehe, was erforderlich ist, um die Achtung seiner Standesgenossen zu bewahren; das Gut dieses Interesses ist eben diese Achtung mit allen ihren Consequenzen. Diese beiden Interessen kommen in Conflict, wenn jemand in einer Weise beleidigt wird, die nach der Standessitte die Herausforderung des Beleidigers auf Pistolen erheischt. Stellt er diese Forderung, und tritt auf die Mensur, so ist damit bewiesen, daß das zweite Interesse, vielleicht auch noch unterstützt von dem rein persönlichen Verlangen nach der herkömmlichen Genugthuung, das erstere in einem gewissen Umfange verdrängt habe. Er hat in dem Momente nicht mehr das Interesse, daß niemand, sondern nur noch daß niemand außer dem X auf ihn schieße. Dies setzt aber voraus, daß er dauernd entschlossen bleibe, das Leben um der Ehre willen preiszugeben. Sobald dieser Entschluß nachläßt, ist das rechtlich geschützte Interesse, daß auch der X nicht auf ihn schieße, wieder da. Mithin treten auch, wenn es verletzt wird, die rechtlichen Folgen ein.

Man hat dieses Erforderniß der positiven Fortdauer der Einwilligung bisher nur insofern verkannt, als man Fälle wie Sachendereliction und dergleichen unter den Begriff der Einwilligung gezogen hat. Scheidet man diese Fälle aus, so ist das Erforderniß so einleuchtend, daß die obige Erläuterung genügen dürfte. Seine praktische Wichtigkeit liegt auf der Hand, und ist schon bei der Besprechung des Zweikampfes betont worden.

10) Die Fortdauer der Einwilligung bedarf der ausdrücklichen Erklärung, oder besser, da diese Formulirung sich zu sehr der unrichtigen Ansicht accommodirt: die Einwilligung muß unmittelbar vor der That erklärt werden.

Es folgt das ohne Weiteres aus dem soeben Gesagten in Verbindung mit dem Charakter der Einwilligung als Willenserklärung. Nur die factische Bedeutung kann eine frühere Einwilligungserklärung haben, daß ihretwegen unter Umständen schon ein bloß passives Verhalten desjenigen, der sie abgegeben hat, unmittelbar vor der That sich als ausdrückliche Einwilligung darstellt, während dies ohne seine vorangegangene Erklärung nicht der Fall sein würde.

Dies Erforderniß der zeitlich unmittelbar vorangehenden Erklärung hat auch Ortmann verkannt, wenn er (Goltd. A. XXVI S. 201) behauptet, daß ein Gut durch die Einwilligung in die Verletzung „bis zum etwaigen Widerrufe dieser Einwilligung" die Eigenschaft eines geschützten Rechtsgutes verliere. Nicht der Widerruf der Einwilligung, sondern ihre Fortdauer bedarf der Erklärung. Es giebt sogar streng genommen weder einen Widerruf noch eine Fortdauer der ächten Einwilligung, sondern nur einen einzigen Act der Einwilligung im Momente der Handlung. Dieser Satz tritt nur in der praktischen Anwendung nicht immer so schroff hervor; seine theoretische Richtigkeit bedarf nach dem Vorangeschickten keiner weiteren Begründung.

Es zeigt sich hier wieder einmal der Unterschied zwischen Einwilligung und Vollmacht. Während die Vollmacht dazu bestimmt ist, der rechtsgeschäftlichen Handlung eines Anderen die volle rechtliche Erheblichkeit zu verleihen; ist es der Zweck der Einwilligung, der rechtswidrigen Handlung ihre Beziehung zum Rechte zu nehmen, sie also zur rechtlich unerheblichen zu machen. Die Vollmacht bewegt sich mitten im Rechtsgebiete; die Einwilligung nur auf dessen Grenze, welche im Einzelfalle zu bestimmen, die vom Rechte ihr zugewiesene Aufgabe ist. Die Vollmacht trägt daher das charakteristische Gepräge aller rechtsgeschäftlichen Institute, die Ergänzung des wirklich vorhandenen Privatwillens durch den vom Rechte präsumirten; bei der Einwilligung kommt nur der effectiv nachweisliche Einzelwille in Betracht. Die Vollmacht gilt demgemäß nach dem präsumtiven Willen des Vollmachtgebers als fortbestehend, bis eine von vornherein ihr mitgegebene Beschränkung oder ein ausdrücklicher Widerruf ihr ein Ende macht. Das Gegentheil würde mit ihrem Zwecke und mit dem allgemeinen Verkehrsinteresse unvereinbar sein. Die Einwilligung dient nicht einem solchen Interesse der Erleichterung des Rechtsverkehrs; sie wirkt deßhalb nur, soweit sie im Augenblicke, da sie wirken soll, thatsächlich vorhanden ist; und vorhanden ist sie nur, wenn sie erklärt wird.

Die volle praktische Bedeutsamkeit dieses Unterschiedes erweist sich bei der Einwilligung in solche Handlungen, die nicht anders als in Gegenwart des Einwilligenden vorgenommen werden können. Wenn A eines Abends dem Mediciner B zu Gefallen sich bereit erklärt hat, sobald dieser wolle, irgend einen operativen Act, nach vorgängiger Chloroformirung, experimentell an sich vornehmen zu lassen, und B, in der Besorgniß, es könne den A gereuen, in der Nacht den Schlafenden chloroformirt, und die Operation vornimmt; so würde er nach Ortmann's vorhin citirter Ansicht straflos sein. Ich würde ihn unbedenklich verurtheilen, und rechne dabei auf allseitige Zustimmung.

Praktisch abgeschwächt wird die Wichtigkeit dieses Erfordernisses bei Handlungen, die in Abwesenheit des Einwilligenden geschehen können, dadurch, daß der gute Glaube des Thäters an die Fortdauer der Einwilligung gleich dieser die Strafbarkeit ausschließt. Zur casuistischen Verdeutlichung braucht man nur daran zu denken, daß in dem vorhin gebrauchten Beispiele mit dem Hunde dieser erschossen worden wäre, nachdem der erste Bote zurückkehrend seine Meldung gemacht, und bevor der zweite eingetroffen.

Verschieden von dem der Abwesenheit ist der Fall der Bewußtlosigkeit des Anwesenden, der vorher seine Einwilligung erklärt hatte. Der gute Glaube an die Fortdauer der effectiven Einwilligung kommt hier nicht als möglich in Frage. Straflosigkeit kann daher nur eintreten, wenn der Thäter ehrlich überzeugt war, daß der Andere bei vorhandenem Bewußtsein einwilligen würde. Für den Beweis dieser Ueberzeugung ist die frühere Erklärung der Einwilligung von Bedeutung. Ein starkes Gegenindicium würde aber darin zu befinden sein, wenn er den bloß Schlafenden zu wecken unterlassen hätte. Es ist dieser Fall rechtlich nicht verschieden von dem schon im vorigen Paragraphen besprochenen einer ärztlichen Operation an einem Bewußtlosen, der um seine Einwilligung überhaupt nicht hatte befragt werden können.

11) Kurz hervorheben will ich noch als Consequenz des unter den beiden letzten Nummern Gesagten, daß es keine generelle Einwilligung nach Analogie etwa der Generalvollmacht giebt. Die ächte Einwilligung bezieht sich nothwendiger Weise auf eine einzelne, vom Einwilligenden bestimmt in's Auge gefaßte Handlung. Freilich sind generell und speciell relative Begriffe; der erforderliche Grad der Specialisirung bleibt quaestio facti. Auch in dieser Beziehung darf man die strafausschließende Wirkung eines durch die Undeutlichkeit der Erklärung hervorgerufenen Irrthums des Thäters, oder seiner

ehrlichen Ueberzeugung, der Andere werde nichts dagegen haben, nicht mit der Wirkung der Einwilligung verwechseln.

Autoren, welche im Stillen überzeugt sind, ein altes Problem gelöst zu haben, schließen gerne mit der Versicherung, daß sie sehr zufrieden sein würden, wenn es ihnen gelungen sein sollte, wenigstens einen kleinen Beitrag zur Anbahnung eines Weges zum Ziele zu liefern. Mit etwas mehr Aufrichtigkeit will ich gestehen, daß ich noch nicht einmal ganz zufrieden sein würde, wenn man mir zugeben wollte, den Begriff der Einwilligung zum ersten Male richtig und erschöpfend entwickelt und dem „volenti non fit injuria" sein altes, gutes Recht auf unbeschränkte Geltung wieder erobert zu haben. Ich wünschte vielmehr, über das eigentliche Thema hinaus durch diese Abhandlung mitzuwirken für die Verbreitung einer Ansicht, welche in erfreulicher Weise sich Bahn zu machen beginnt, daß nämlich eine gesunde strafrechtliche Praxis nicht möglich sei ohne eine bis in's tiefste Fundament hinein gesunde Theorie, und daß die zur Zeit noch das Strafrecht beherrschende philosophische Schule eine solche Theorie nicht zu bieten habe. Nur wenn mir dies, wäre es auch in bescheidenem Maße, gelungen sein sollte, würde ich meinen Zweck für vollerreicht halten.

G. Pätz'sche Buchdruckerei (Otto Hauthal) in Naumburg a/S.

Kolibri 360 GmbH
Ferdinand-Jühlke-Straße 7
99095 Erfurt, Deutschland
produktsicherheit@kolibri360.de